Reichsgerichts-Entscheidungen

in kurzen Auszügen

Zivilsachen — Band 159

1940

J. Schweitzer Verlag, Berlin und München

Reichsgerichts-Entscheidungen

in kurzen Auszügen

Zivilsachen Band 159

1 9 4 0

J. Schweitzer Verlag, Berlin und München

Printed in Germany

Druck von Dr. F. P. Datterer & Cie., Freising-München.

Von dieser Sammlung erschienen folgende Bändchen:

I. Zivilsachen:	Bd.	76—100	. . .	je RM.	0.80
	„	101—140	. . .	je RM.	1.—
	„	141—155	. . .	je RM.	2.—
Serien:	„	76—155	mit 3 Reg.	zus. RM.	76.—
	„	81—155	83—119	zus. RM.	71.—
	„	91—155	120—130 131—140	zus. RM.	61.—
	„	101—155		zus. RM.	53.—
	„	111—155		zus. RM.	43.—
	„	121—155	mit 4 Reg.	zus. RM.	33.—
	„	131—155	mit 4 Reg.	zus. RM.	28.—
Gesamtregister zu	Bd.	83—119	. . . .	RM.	6.—
Gesamtregister zu	Bd.	120—130	. . . .	RM.	1.80
Gesamtregister zu	Bd.	131—140	. . . .	RM.	1.50
Gesamtregister zu	Bd.	141—150	. . . .	RM.	1.50
II. Strafsachen:	Bd.	45—55	. . .	je RM.	0.80
	„	56—64	. . .	je RM.	1.—
	„	65—71	. . .	je RM.	2.—
Serie: Bd. 45—71 mit Ges.-Reg. zu Bd. 45—60				zus. RM.	27.—
Gesamtregister zu Band		45—60	. . . .	RM.	3.70

Jedes Bändchen entspricht einem Bande der amtlichen Sammlung.

1. Patentschutz. Gesamtkombination. (PatG. §§ 6, 47.) Wegen Patentverletzung wurde auf Unterlassung, Rechnungslegung und Feststellung der Schadenersatzpflicht geklagt. Die Untergerichte stellten fest, daß nach dem Inhalt der Patentschrift die aus dem Patentanspruch ersichtliche Zusammenfassung aller Erfindungsmerkmale, also die Gesamtkombination, Gegenstand des Patentschutzes war und daß die Beklagte von dem dieser Gesamtkombination eigenen Vorzug gedrängter und übersichtlicher Bauart keinen Gebrauch gemacht habe; sie hatten demgemäß die Klage abgewiesen. Die Revision des Klägers blieb erfolglos. Das Revisionsgericht war auf Grund des von den Untergerichten gewürdigten Inhalts der Erteilungsakten in der Lage, von sich aus zu prüfen, ob eine Einschränkung des Patentschutzes auf die Gesamtkombination durch das Reichspatentamt vorlag, da es sich dabei im wesentlichen um eine Rechtsfrage handelte. Die Anmeldeabteilung hatte die in sechs Ansprüche zerlegte Anmeldung zurückgewiesen und in einem Zwischenbescheid ausgeführt, als neu und patentfähig blieben nur die Ansprüche 5 und 6 übrig, die eine besonders gedrängte und dadurch vorteilhafte Ausbildung der Maschine ermöglichten. Im Beschwerdeverfahren erbat der Anmelder zunächst Erteilung des Patents für die Ansprüche 1, 5 und 6; die übrigen Ansprüche ließ er fallen. Die Beschwerdeabteilung verlangte die Zusammenfassung dieser Ansprüche und betonte wiederholt, daß der Anspruch 1 für sich allein nicht als patentfähig anerkannt werden könne, daß vielmehr nur die Gesamtanordnung der Maschine schutzfähig sei. Erst nachdem die verlangten Änderungen vorgenommen worden waren, wurde das Patent erteilt. An diese unzweideutige Beschränkung des Patentschutzes waren die Gerichte gebunden, und zwar ohne Rücksicht darauf, ob sie nach dem Stande der Technik geboten war. Daß der Anmelder im Erteilungsverfahren der verlangten Zusammenfassung der Ansprüche eine andere Deutung zu geben versuchte, insbesondere hervorhob, daß der Anspruch 1 den Kern der Erfindung darstelle, machte nichts aus. (I, 25. Oktober 1938.) Amtl. Sammlg. S. 1—11.

2. Patentschutz. (PatG. §§ 6, 13, 47.) Im Jahr 1924 wurde ein Patent erteilt; die Patentschrift wurde aber erst am 4. Februar 1930 ausgegeben. Inzwischen war im Jahr 1927 für eine ähnliche Erfindung ein Patent erteilt worden. Der Inhaber klagte gegen den Inhaber des älteren Patents auf Unterlassung, Rechnungslegung und Feststellung der Schadenersatzpflicht. In zwei Rechtszügen drang die Klage durch. Das Reichsgericht verwies die Sache zurück. Gegenüber dem am 7. September 1927 angemeldeten Klagepatent gehörte die Patentschrift des älteren Patents allerdings nicht zum Stande der Technik; der Kläger konnte aber als Inhaber des später angemeldeten Patents dem Beklagten nicht verbieten, sein älteres Recht in dem Umfang zu benutzen, als er berechtigt war, seine Benutzung Dritten zu untersagen. Auch wenn die Gegenstände der beiden Patente sich nicht decken und daher der Inhaber des älteren Patents nicht auf Grund des § 13 PatG. Vernichtung des später angemeldeten Patents verlangen kann, besteht doch die Möglichkeit, daß die Schutzbereiche der beiden Patente sich überschneiden. In einem solchen Falle kann die Benutzungshandlung eines Dritten sich als Verletzung beider Patente zugleich darstellen; dann stehen gegen den Dritten jedem der beiden Patentinhaber selbständig die Ansprüche aus § 47 PatG. zu. Im Verhältnis der beiden Patentinhaber untereinander muß aber das früher angemeldete Patent dem jüngeren vorgehen. (I, 25. Oktober 1938.) Amtl. Sammlg. S. 11—12.

3. **Berufungsbegründung. Teilbarer Streitgegenstand.** (ZPO. §§ 301, 519.) In der Klage war Schadenersatz wegen vertragswidriger Abtretung einer Hypothek und die Herauszahlung vereinnahmter Hypothekzinsen verlangt; der zweite Anspruch war auf ein Treuhandverhältnis und auf ungerechtfertigte Bereicherung gestützt. Im Klagantrag wurden die beiden Ansprüche zusammengefaßt. Der Klage wurde stattgegeben. Die Berufung des Beklagten wandte sich ausschließlich gegen den Anspruch auf Schadenersatz; weder dem Grunde noch der Höhe nach wurde gegen den Anspruch auf Herauszahlung der Zinsen etwas geltend gemacht. Das Berufungsgericht erklärte die Berufung hinsichtlich dieses Anspruchs als unzulässig. Das Reichsgericht trat dieser Auffassung bei. Der Berufungskläger muß sein Rechtsmittel in der vorgeschriebenen Frist und Form begründen. Dazu gehört die bestimmte Bezeichnung der im einzelnen anzuführenden Anfechtungsgründe. Die Vorschrift soll der sorgfältigen Vorbereitung und Beschleunigung des Verfahrens dienen. Sie ist streng auszulegen. Bei teilbarem Streitgegenstand muß sich die Berufungsbegründung auf alle Teile des Urteils erstrecken, für welche die Abänderung verlangt wird; andernfalls ist die Berufung für den nicht begründeten Teil unzulässig. Dies gilt sowohl bei einer Mehrheit von Ansprüchen als auch bei Teilen eines Anspruchs, über die gesondert entschieden werden kann. Daß das Landgericht die beiden Beträge

in einer Summe zugesprochen hatte, machte nichts aus. (V, 17. November 1938.) Amtl. Sammlg. S. 12—16.
Vgl. Bd. 62 S. 15; Bd. 66 S. 178, 323; Bd. 113 S. 166; Bd. 145 S. 266; Bd. 146 S. 250; JW. 1938 S. 249.

4. **Haftpflichtversicherung. Schutzbereich.** (VersVertrG. § 149.) Der Eigentümer einer fahrbaren Motorsäge war für ihren Betrieb gegen Haftpflicht versichert. Eines Tages wurde die Säge in Betrieb genommen, während sie auf dem Grundstück des Vaters des Eigentümers, der dort ein Sägewerk betrieb, aufgestellt war. Ein Mann, der aus Gefälligkeit bei der Arbeit mithalf, wurde verletzt. Er nahm den Eigentümer der Motorsäge für den Schaden in Anspruch; das Gleiche tat die landwirtschaftliche Berufsgenossenschaft, die dem Verletzten eine Entschädigung gezahlt hatte. Die Versicherungsgesellschaft lehnte den Versicherungsschutz ab mit der Begründung, daß sich der Unfall bei einer Arbeit ereignet habe, die an das feststehende Sägewerk vergeben worden sei; dieses sei zurzeit des Unfalls nicht gegen Haftpflicht versichert gewesen. Die Klage auf Feststellung, daß die Versicherungsgesellschaft verpflichtet sei, den Kläger von den erhobenen Ansprüchen freizustellen, wurde vom Berufungsgericht abgewiesen. Das Reichsgericht verwies die Sache zurück. Der Anspruch auf Versicherungsschutz besteht bei Haftpflicht schon dann, wenn gegen den Versicherten ein Anspruch erhoben wird, der, sei es auch nur neben anderen Rechtsgründen, mit einem unter den Schutzbereich fallenden Rechtsverhältnis begründet wird. Der Kläger war sowohl von dem Verletzten als von der Berufsgenossenschaft deshalb in Anspruch genommen worden, weil er für schadenersatzpflichtig aus dem Betrieb der Motorsäge erachtet wurde; dieser Betrieb war aber gegen Haftpflicht versichert. An die Begründung, die der Verletzte der Erhebung von Schadenersatzansprüchen gegen den Versicherten gibt, dürfen keine allzu hohen Anforderungen gestellt werden; es muß genügen, daß sich nach der Art der Anspruchserhebung dem ersten Anschein nach entnehmen läßt, der Vorgang, aus dem der Anspruch hergeleitet wird, könne unter den Versicherungsschutzbereich fallen. Die Frage, ob der Anspruch des Verletzten durch diese Begründung gerechtfertigt wird, ist nicht in dem Rechtsstreit zwischen dem Versicherten und der Versicherungsgesellschaft über die Pflicht zur Gewährung des Versicherungsschutzes, sondern in dem Rechtsstreit zwischen dem Verletzten und dem Versicherten auszutragen. Ist der Anspruch des Verletzten unbegründet, so erschöpft sich der Anspruch

des Versicherten auf Gewährung des Versicherungsschutzes in der Unterstützung durch die Versicherungsgesellschaft bei der Abwehr des Anspruchs. Demgemäß gehörten die Ausführungen des Berufungsgerichts über die Frage, ob sich der Unfall im Betriebe des Klägers oder in jenem seines Vaters ereignet hatte, nicht zur Sache. (VII, 25. November 1938.)

Amtl. Sammlg. S. 16—21.

Vgl. Bd. 141 S. 185, 410; Bd. 148 S. 282, S. 235; Bd. 152 Bd. 154 S. 340; Bd. 156 S. 378; Bd. 158 S. 189.

5. Schadenersatz. Hinterbliebenenunterstützung. Lebensunterhalt. (BGB. § 844; KraftFahrzG. § 10; ZPO. § 323.) Ein Arbeiter wurde durch einen Lastkraftwagen überfahren und getötet. Seine Witwe und seine Tochter klagten gegen den Fahrer und gegen den Halter des Wagens auf Schadenersatz. Das Berunfungsgericht stellte fest, daß der Verunglückte ein monatliches Durchschnittseinkommen von 225 RM. gehabt hatte, und sprach der Witwe eine monatliche Rente von 100 RM. und der Tochter eine solche von 50 RM. bis zu einem bestimmten Zeitpunkt zu; außerdem stellte es fest, daß die Beklagten als Gesamtschuldner verpflichtet seien, der Tochter allen weiteren ihr aus dem tödlichen Unfall ihres Vaters entstandenen und noch entstehenden Schaden zu ersetzen. Der Feststellungsanspruch der Witwe wurde für erledigt erklärt. Das Reichsgericht verwies die Sache zurück. Das Berufungsgericht hatte angenommen, daß der Verunglückte monatlich für sich einen Betrag von 75 RM. in Anspruch genommen hätte, und hatte den Rest seines Einkommens unter seine Witwe und seine Tochter verteilt. Das entsprach nicht dem Gesetz. Die Ansprüche der Klägerinnen beschränkten sich auf die Geldbeträge, die erforderlich waren für einen Unterhalt, wie ihn der Verunglückte während der mutmaßlichen Dauer seines Lebens ihnen zu gewähren verpflichtet gewesen wäre. Bei der Berechnung war auch zu beachten, daß die Kosten einer Mietwohnung für die Witwe und die Tochter voraussichtlich geringer waren als jene für ein Ehepaar mit einer Tochter. Anderseits war die Erfahrungstatsache zu beachten, daß das Maß des Unterhalts, das der Getötete zu gewähren verpflichtet gewesen wäre, sich nicht nach dem richtete, was er im Falle des Getrenntlebens seiner Frau hätte gewähren können und müssen, sondern nach dem, was er ihr bei einer dem Wesen der Ehe entsprechenden Lebensgemeinschaft zu gewähren gehabt hätte. Weiter war zu prüfen, ob nicht von dem Zeitpunkt an, da die Tochter ihren Lebensunterhalt selbst zu erwerben imstande sein würde, dem

Getöteten für sich und seine Ehefrau allein ein größerer Betrag als vorher zur Bestreitung des gemeinsamen Lebensunterhalts zur Verfügung gestanden hätte und das Maß des Unterhalts, auf den die Ehefrau Anspruch gehabt hötte, höher zu bemessen gewesen wäre. Die Tochter litt an einem Hüftleiden, das möglicherweise Anfwendungen nötig machte, die bei der Bemessung einer den Klägerinnen zu gewährenden Rente in Betracht gezogen werden mußten; falls dadurch eine Erhöhung der Rente der Tochter notwendig wurde, stand die Möglichkeit offen, eine entsprechende Herabsetzung der Rente der Mutter zu verlangen. Besonders wurde hervorgehoben, daß das Durchschnittseinkommen des Getöteten um den Betrag der sozialen Abgaben, die er zu zahlen gehabt hätte, gekürzt hätte werden sollen, soweit nicht diese Kürzung dadurch ausgeglichen worden wäre, daß die Klägerinnen dafür Rechte erworben hätten, die ihnen, weil die Abgaben nicht geleistet worden waren, nicht zugute kamen. Die Leistungen der Sozialversicherung, die der Getötete seinen Familienmitgliedern durch seine versicherungspflichtige Tätigkeit verschafft haben würde, bildeten einen Teil des gesamten Lebensunterhalts, zu dessen Gewährung er verpflichtet gewesen wäre und für dessen Verlust die Beklagten den Klägerinnen hafteten. (VII, 25. November 1938.) Amtl. Sammlg. S. 21—25.

6. Ausfertigung. Zustellung. (ZPO. §§ 170, 295, 317, 516). Die Zustellung eines Urteils von Anwalt zu Anwalt wurde in der Weise ausgeführt, daß dem Anwalt des Klägers eine von dem Anwalt der Beklagten beglaubigte Abschrift gegen Empfangsbescheinigung übergeben wurde. In der Abschrift fehlten die Namen von Richtern und der Ausfertigungsvermerk des Urkundsbeamten der Geschäftsstelle des Landgerichts. Das machte die Zustellung unwirksam. In der Ausfertigung des Urteils müssen die Namen der Richter, die dabei mitgewirkt haben, angegeben sein, weil sich nur daraus ersehen läßt, ob das Urteil ordnungsgemäß unterschrieben ist. Auch der Ausfertigungsvermerk des Urkundsbeamten durfte nicht fehlen, da nur er der Ausfertigung die Eigenschaft einer öffentlichen Urkunde verleiht und die Übereinstimmung der Ausfertigung mit der Urschrift bezeugt. (V, 8. Dezember 1938.) Amtl. Sammlg. S. 25—27. Vgl. Bd. 61 S. 394; Bd. 90 S. 173; Bd. 99 S. 140; JW. 1898 S. 661; 1926 S. 2574.

7. Miete. Erfüllungsgehilfe. (BGB. §§ 278, 536, 538, 823.) Ein Arbeitssaal in einer Fabrik wurde zum Teil an einen Tapezier, zum Teil an einen Fabrikanten vermietet; die beiden Teile wurden durch eine hölzerne Wand getrennt. Der Tapezier polsterte die Wand auf seiner Seite aus und betrieb in dem Raum eine Zupfmaschine. Durch die Unvorsichtigkeit seiner Ehefrau geriet das Polstermaterial in Brand; auch die anstoßende Fabrik wurde zerstört. Der Fabrikant klagte gegen den Vermieter auf Schadenersatz mit der Begründung, daß er verpflichtet gewesen wäre, die Trennwand feuerhemmend herzustellen oder aber den Betrieb der Polsterei besonders zu überwachen; er habe auch die als Schutzgesetz anzusehenden polizeilichen Vorschriften nicht beachtet. In allen Rechtszügen wurde die Klage abgewiesen. Eine polizeiliche Vorschrift war nach der Feststellung des Berufungsgerichts bei der Einrichtung des Betriebs nicht verletzt worden, so daß eine Haftung aus unerlaubter Handlung nicht in Frage kam. Auch die Verletzung einer Vertragspflicht war nicht nachgewiesen. Das Berufungsgericht hatte eingehend dargelegt, daß eine Polsterei der Gefahr einer Selbstentzündung nicht ausgesetzt ist, daß also Feuer nur entstehen kann, wenn jemand eine offene Flamme in die Räume einführt. Daraus ergab sich, daß nicht schon die Art des Betriebs die Holzwand unzulässig machte und eine Fahrlässigkeit des Vermieters schon in dem Vorhandensein der Holzwand begründet erscheinen ließ. Die Polsterung der Wand änderte an dem Gefahrenzustand nichts, solange dem Raum offenes Feuer fern blieb. Mit einer Übertretung der vom Berufungsgericht als selbstverständlich erklärten und zudem durch polizeiliches Verbot unterstützten Pflicht, kein offenes Feuer in den Raum zu bringen, brauchte der Beklagte nicht zu rechnen. Es würde eine Überspannung der Sorgfaltspflicht bedeuten, wenn deshalb die Verwendung von Holzwänden unzulässig sein sollte; der Vermieter durfte darauf rechnen, daß der Inhaber der Werkstatt und die sonst bei vertragsmäßigem Gebrauch darin zugelassenen Personen die polizeilichen Vorschriften beachten würden. Für die Handlung der Frau des Mieters hätte der Vermieter nur zu haften gehabt, wenn sie als Erfüllungsgehilfin anzusehen gewesen wäre. Der Vermieter hat die Pflicht, die vermietete Sache in einem zum vertragsmäßigen Gebrauch geeigneten Zustande zu überlassen und zu erhalten. Es war darum zu erwägen, ob nicht auch eine Verpflichtung des Beklagten anzunehmen war, jede Schädigung des Klägers fernzuhalten, die durch die Benutzung anderer Räume des Hauses entstehen konnte, und ob insoweit die anderen Mieter und die Personen, die in diesen Räumen zum Verkehr oder doch zu mehr oder minder ständigem Aufenthalt zugelassen waren, als

Erfüllungsgehilfen des Mieters angesehen werden konnten. Das Reichsgericht nahm zu der Frage keine abschließende Stellung. Auch wenn die Ehefrau des Mieters in einer Beziehung zu den Mieträumen ihres Ehemanns stand, daß sie als seine und des Vermieters Erfüllungsgehilfin angesehen werden konnte, wurde durch ihre Verwendung offenen Feuers keine Haftung des Vermieters begründet. Hiefür kam es allein darauf an, ob die Verwendung des Feuers sich im Rahmen des Gebrauchs der Polsterwerkstatt hielt, der vom Vermieter erwartet werden konnte und mußte. War das nicht der Fall, so war die Frau keine Erfüllungsgehilfin des Vermieters. (IV, 15. Dezember 1938.)

Amtl. Sammlg. S. 27—33.

Vgl. Bd. 80 S. 200; Bd. 84 S. 222; Bd. 87 S. 276; Bd. 102 S. 231; Bd. 103 S. 141; Bd. 108 S. 133.

8. Zwischenstaatliches Privatrecht. Verschulden bei Vertragsverhandlungen. Vertrauensschaden. Negatives Vertragsinteresse. (HGB. § 200 AktG. § 34; BGB. §§ 54, 276; EGzBGB. Art. 10; ZPO. § 549.) Mehrere Gesellschaften, die Kohlengruben in Oberschlesien, und zwar sowohl im deutschen Teile als im polnischen Teile besaßen, entschlossen sich im Jahr 1927, einen Teil ihres Besitzes zu veräußern. Sie führten hiewegen Verhandlungen mit einer Gruppe von Gesellschaften und Unternehmern, die ihren Besitz zum Teil in Deutschland, zum Teil in Polen hatten. Der Verkäufergruppe gehörte auch eine englische Gesellschaft an. Es wurde eine polnische Aktiengesellschaft gegründet, der die in Polen gelegenen Gruben übertragen wurden. In der Folgezeit kam es zu Streitigkeiten zwischen der englischen Gesellschaft und der polnischen Gesellschaft; die englische Gesellschaft erhob schließlich Klage gegen mehrere Gründer der Aktiengesellschaft, denen sie zum Vorwurf machte, daß sie die Aktiengesellschaft mit unzulänglichem Kapital gegründet hätten, so daß sie mit Verlust gearbeitet habe und dadurch in Zahlungsschwierigkeiten geraten sei. Die Klage wurde in allen Rechtszügen abgewiesen. Sie war vor allem darauf gestützt, daß die Beklagten vor Eintragung der Aktiengesellschaft in deren Namen gehandelt hätten und aus diesen Handlungen als Gesamtschuldner hafteten (HGB. § 200). Das Berufungsgericht hatte erklärt, daß diese Frage nicht nach deutschem, sondern nach polnischem Recht zu entscheiden sei. Das Reichsgericht billigte diese Auffassung. Die Vorschriften des deutschen Handelsgesetzbuchs über Aktiengesellschaften, die jetzt durch die Vorschriften des deutschen Aktiengesetzes ersetzt sind, gelten nur für Aktiengesellschaften, die ihren Sitz in Deutschland haben. Soweit sie sich auf noch nicht eingetragene Gesellschaften beziehen, ist grundsätzliche Voraussetzung für ihre Anwendung, daß als deren Sitz ein Ort in Deutschland ins Auge gefaßt ist. Das traf hier nicht zu. Die Auffassung der Revision, das die Vorschrift rechtspolizeiliche Natur habe und daß für Verfehlungen gegen sie das Recht des Begehungsortes (wie bei unerlaubten Handlungen) maßgebend sei, lehnte das Reichsgericht ab. Von einer rechtspolizeilichen Natur der Vorschrift konnte nur insofern gesprochen werden, als durch sie sowohl die Personen, die für eine noch nicht eingetragene Aktiengesellschaft tätig wurden, zur Vorsicht gemahnt als auch die Geschäftsgegner geschützt wurden. Die Vorschrift war aber rein bürgerlichen Rechts; das Handeln für eine noch nicht eingetragene Aktiengesellschaft ist weder unter Strafe gestellt noch überhaupt verboten, oftmals durchaus gerechtfertigt und überhaupt kaum zu vermeiden. Der Umstand, daß die Handlungen in Deutschland vorgenommen worden waren, reichte also nicht hin, die Anwendung deutschen Rechts zu begründen. Die Klägerin hatte sich weiter darauf berufen, daß auf ausländische Vereine, deren Rechtsfähigkeit in Deutschland nicht anerkannt ist, die Vorschriften des deutschen Rechts über die Gesellschaft und § 54 BGB. Anwendung finden (EGzBGB. Art. 10). Diese Bestimmung verlangt aber eine Einschränkung dahin, daß eine Inlandsbeziehung vorliegen muß, welche die Anwendung deutschen Rechts begründet. Dafür reicht nicht aus, daß das Rechtsgeschäft im Inland abgeschlossen worden ist; die Anwendung deutschen Rechts auf eine ausländische Vereinigung hängt vielmehr davon ab, ob die Rechtsbeziehung, für die nach der Rechtsstellung der Vereinigung gefragt wird, also bei einem Rechtsgeschäft, ob das Rechtsverhältnis, das seinen Gegenstand bildet, dem deutschen Recht unterliegt. Es bedurfte darum keiner Entscheidung, ob die Vorschrift des Art. 10 EGzBGB. neben § 200 HGB. auf eine in Gründung befindliche Aktiengesellschaft überhaupt Anwendung finden könnte. Eine Revision kann nur darauf gestützt werden, daß die Entscheidung auf Verletzung eines Reichsgesetzes oder doch einer im Bezirk des Berufungsgerichts geltenden Vorschrift beruht. In dem an Polen gefallenen Teil von Oberschlesien sind die dort zur Zeit des Übergangs geltenden deutschen Gesetze zunächst in Kraft geblieben. Daraus, daß in dem polnischen Gebiet, in dessen Bereich die Aktiengesellschaft lag, § 200 HGB. als polnisches Recht galt, ließ sich aber nicht folgern, daß die Verletzung dieser Vorschrift ausreichte, um die Revision zulässig zu machen. Die inhaltliche Übereinstimmung ausländischen Rechts mit einem auch in Deutschland geltenden und insoweit revisiblen Recht macht die ausländische Rechtsnorm nicht revisibel. Daran änderte auch nichts, daß die Revision sich auf Verletzung der Auslegungsgrundsätze der §§ 133, 157 BGB. berief und hervorhob, daß die in Betracht kommenden Willenserklärungen in Deutschland abgegeben worden waren. Das gleiche gilt von etwaigen verfahrensrechtlichen Mängeln des angefochtenen Urteils, es sei denn, daß vom Standpunkt der Auslegung aus, die das Urteil selbst dem ausländischen Recht gibt, die Begründung des Urteils verfahrensrechtlich zu beanstanden ist, wenn also insbesondere die Vorschrift des § 286 ZPO. insofern verletzt ist, als ein Vorbringen oder Beweisantrag übersehen worden ist, obwohl er von dem eingenommenen Rechtsstandpunkt aus beachtlich war, oder wenn ein Verstoß gegen § 139 ZPO. insofern vorliegt, als in einer für beachtlich gehaltenen Frage das Parteivorbringen nicht hinlänglich durch Ausübung des Fragerechts aufgeklärt worden ist. Von diesen Verfahrensfehlern kam hier aber keiner in Betracht. Die Ausführungen des Berufungsgerichts zu allen diesen Fragen unterlagen also keiner Nachprüfung durch das Revisionsgericht. Dieses war darum auch nicht in der Lage, zu der von der Revision hervorgehobenen Frage Stellung zu nehmen, ob ein namens der polnischen Aktiengesellschaft mündlich abgeschlossener und darum nach der Vorschrift des § 313 BGB., die auch als polnisches Recht gilt, zunächst ungültiger Kaufvertrag nachträglich durch Auflassung und Umschreibung geheilt wurde. Das Reichsgericht erklärte dazu nur, daß dagegen, jedenfalls nach deutschem Recht, erhebliche Bedenken beständen, zumal für die Heilung der Zeitpunkt der Auflassung maßgebend ist und daher auch die Bindung nicht auf einen früheren Zeitpunkt zurückwirkt. Die Klage war endlich auch noch mit Verschulden beim Vertragsschluß begründet. Ein solches wurde darin erblickt, daß die Beklagten bei den Verhandlungen, die schließlich zum Abschluß des Vertrags führten, den Eindruck erweckt hätten, als ob sie unter allen Umständen hinter der Aktiengesellschaft ständen und sie auch weiterhin stützen würden; statt dessen hätten sie eine verschleierte Sachgründung mit unzureichendem Kapital vorgenommen und nicht einmal die übernommenen Barzahlungen richtig geleistet. In dem Verschweigen dieser Tatsachen wurde eine Verletzung ihrer Offenbarungspflicht gesehen. Das Berufungsgericht hatte eine Haftung der Beklagten wegen Verschulden beim Vertragsschluß auch dann als möglich angenommen, wenn die Beklagten zwar selbst keinen Vertrag mit der Klägerin geschlossen, aber doch durch ihr Verschulden bewirkt hatten, daß es zu einem Vertrag mit ihnen nicht kam; es war insbesondere davon ausgegangen, daß die Beklagten der Klägerin für ihren etwaigen Vertrauensschaden einzustehen hatten, den diese dadurch erlitt, daß die Beklagten bei den Vertragsverhandlungen ihre Offenbarungspflicht verletzt oder durch ein sonstiges schuldhaftes Verhalten den Abschluß, statt mit ihnen, mit der Aktiengesellschaft ermöglicht hatten. Da ein solches Verschulden gerade im Rahmen der in Deutschland zwischen den Parteien gepflogenen Verhandlungen gelegen haben sollte, hatte das Berufungsgericht auf diese Frage deutsches Recht für anwendbar erachtet. Dieser Auffassung trat das Reichsgericht bei. Die Grundsätze für Haftung wegen Verschulden beim Vertragsschluß, für die sich im Gesetz nur wenige Anhaltspunkte finden (§§ 122, 179, 307, 309 BGB.), sind durch die Wissenschaft und Rechtsprechung entwickelt worden. Zunächst nahm man eine solche Haftung dann an, wenn bei einem Vertrag ein Vertragsteil eine ihm nach Treu und Glauben obliegende Pflicht zur Rücksichtnahme auf die Belange des Vertragsgegners, besonders eine Offenbarungspflicht, schuldhaft verletzt hatte. Dann wurde in der Rechtsprechung anerkannt, daß schon bloße Vertragsverhandlungen selbst dann, wenn sie nicht zum Vertragsschluß führten, ein vertragsähnliches Verhältnis zwischen den Beteiligten erzeugen, das sie zur Beachtung der im Verkehr erforderlichen Sorgfalt verpflichtet. Dieser Grundsatz legte eine Anwendung auch auf Drittbeteiligte nahe und wurde ihnen gegenüber angewandt, sofern sie die Verhandlungen im eigenen Interesse maßgebend geführt hatten; dabei kam es nicht darauf an, ob der Vertrag mit dem in Aussicht genommenen Vertragsgegner zustande gekommen war oder nicht. Das schuldhafte Verhalten bei den Vertragsverhandlungen kann entweder darin liegen, daß man in dem anderen Teil das Vertrauen erweckt hat, es sei ein Vertrag zustande gekommen, während das in Wahrheit nicht der Fall ist, oder darin, daß man das Vertrauen auf das Zustandekommen erweckt und den anderen Teil zu Aufwendungen veranlaßt hat, oder endlich darin, daß man den anderen Teil zur Abstandnahme von einem günstigen Vertragsschluß oder zum Abschluß eines nachteiligen Vertrags oder zum Abschluß eines Vertrags mit anderem Inhalt veranlaßt hat, als er bei pflichtmäßiger Offenbarung der wahren Sachlage zustande gekommen wäre. Um einen Fall der letztgenannten Art handelte es sich hier. Die Klägerin behauptete, daß sie den Vertrag mit der Aktiengesellschaft nicht abgeschlossen hätte, wenn die Beklagten ihr bei den Vertragsverhandlungen die Vorgänge, die mit der Gründung der Aktiengesellschaft zusammenhingen und deren Kreditwürdigkeit beeinträchtigten, geoffenbart hätten. Die Annahme des Berufungsgerichts, daß die Beklagten, soweit sie die für den Abschluß mit der Aktiengesellschaft maßgebenden Verhandlungen geführt hatten oder in ihrem Namen hatten führen lassen, für eine schuldhafte Verletzung ihrer Offenbarungspflicht persönlich hafteten, erklärte das Reichsgericht für unbedenklich. Als Vertrauensschaden kann in der Regel nur Ersatz des negativen Vertragsinteresses verlangt werden, d. h. Gewährung dessen, was der Geschädigte haben würde, wenn der andere Teil seiner Offenbarungspflicht genügt hätte. Nur ausnahmsweise kann das Erfüllungsinteresse geltend gemacht werden, nämlich insoweit, als der Geschädigte ohne das schuldhafte Verhalten einen Erfüllungsanspruch gehabt hätte; in diesem Falle deckt sich das negative Vertragsinteresse mit dem Erfüllungsanspruch. Das Erfüllungsinteresse ergibt sich jedoch nicht nur aus dem Rechtsanspruch, der durch den vom Geschädigten erhofften oder vom anderen Teil schuldhaft vereitelten Vertrag begründet wäre, sondern daraus, was der Geschädigte erlangt hätte, wenn das, worauf er vertraut hatte und den Umständen nach vertrauen durfte, in Erfüllung gegangen wäre. Das Berufungsgericht hatte angenommen, daß ohne das angeblich schuldhafte Verhalten der Beklagten ein Vertrag gleichen Inhalts nicht mit der Aktiengesellschaft, sondern mit der Käufergruppe oder einigen ihrer Mitglieder zustande gekommen und erfüllt worden wäre. Hieraus folgerte es, daß die Klägerin, wenn sich die Beklagten einer Verletzung ihrer Offenbarungspflicht schuldig gemacht hatten, einen Anspruch auf das Erfüllungsinteresse durch die Beklagten habe. Dabei war das Wesen des Erfüllungsinteresses verkannt. Indem die Klägerin verlangte, was sie bei Nichtzustandekommen des Vertrages mit der Aktiengesellschaft gehabt hätte, machte sie nicht ihr Erfüllungsinteresse, sondern ihr negatives Vertragsinteresse geltend. Infolge dieses Rechtsirrtums hatte das Berufungsgericht nicht beachtet, daß die Klägerin, soweit sie ihren Anspruch auf schuldhaft getäuschtes Vertrauen stützte, keine Ansprüche geltend machen konnte, die über das hinausgingen, was sie hätte, wenn ihr Vertrauen auf den Zustand, mit dem sie rechnen zu können glaubte, nämlich auf die Leistungsfähigkeit der Aktiengesellschaft, nicht getäuscht worden wäre. Eine Feststellung über die Leistungsfähigkeit der Aktiengesellschaft hatte das Berufungsgericht nicht getroffen; es kam aber darauf auch nicht an, da das Berufungsgericht ohne Rechtsirrtum verneint hatte, daß die Beklagten ihre Offenbarungspflicht verletzt hätten. (II, 29. Oktober 1938.)

Amtl. Sammlg. S. 33—58.

Vgl. Bd. 8 S. 341; Bd. 10 S. 122; Bd. 63 S. 318; Bd. 75 S. 115; Bd. 78 S. 49, 155; Bd. 83 S. 367; Bd. 88 S. 105; Bd. 95 S. 58; Bd. 96 S. 98; Bd. 102 S. 51; Bd. 104 S. 265; Bd. 109 S. 10, 354; Bd. 111 S. 100; Bd. 117 S. 215; Bd. 120 S. 251; Bd. 132 S. 79; Bd. 136 S. 222; Bd. 143 S. 222; Bd. 151 S. 357; Bd. 152 S. 30; JW. 1894 S. 142; 1912 S. 743; 1918 S. 94; 1931 S. 141; 1933 S. 2582; 1936 S. 1841.

9. Abstammung. Verneinende Feststellungsklage. (ZPO. § 256; BGB. §§ 1310, 1717, 1719; PerſStG. §§ 47, 48; FamR.-ÄndG. Art. 3 § 9.) In einem Rechtsstreit auf Anerkennung der Vaterschaft und Leistung von Unterhalt wurde der Beklagte verurteilt, indem auf Grund der eidlichen Aussage der Mutter des klagenden Kindes als erwiesen erachtet wurde, daß sie während der Empfängniszeit nur mit dem Beklagten Geschlechtsverkehr gehabt hatte. Das Verlangen einer Blutgruppenuntersuchung hatte keinen Erfolg, da sowohl die Mutter des Kindes als dessen Vormund eine Blutentnahme ablehnten. Die Klage auf Feststellung, daß der Kläger nicht Vater des Kindes sei, wurde abgewiesen. Eine Klage auf Feststellung, daß die eine Partei von der anderen blutmäßig abstamme oder nicht abstamme, ist zulässig; vorausgesetzt ist aber, daß der Kläger an dem von ihm begehrten Urteilsspruch und der alsbaldigen Feststellung des Rechtsverhältnisses ein rechtliches Interesse hat. Für die bejahende Feststellungsklage des unehelichen Kindes gegen den vermeintlichen Erzeuger ist das Interesse aus der Bedeutung hergeleitet worden, welche die blutmäßige Abstammung durch die Gesetzgebung des dritten Reiches erhalten hat. Für die verneinende Feststellungsklage des angeblichen Erzeugers eines Kindes trifft das nicht zu. Im vorliegenden Falle fehlten auch andere Gründe für die Annahme eines solchen Interesses. Die vermögensrechtlichen Ansprüche schieden aus, da der Kläger rechtskräftig zur Leistung von Unterhalt verurteilt war. Diese rechtskräftige Verurteilung konnte nur im Wege eines Wiederaufnahmeverfahrens beseitigt werden; der Wunsch, Grundlagen für ein solches zu beschaffen, begründete aber kein rechtliches Interesse an der Klage. Ebenso begründet auch das Bestehen eines Ehehindernisses zwischen einem unehelichen Kinde und seinem Vater sowie dessen Verwandten ein rechtliches Interesse an einer verneinenden Feststellungsklage jedenfalls solange nicht, als eine Eheschließung nicht in Frage kommt. Daß durch den Tod eines Beteiligten im Laufe der Zeit die Blutgruppenuntersuchung als Beweismittel verloren gehen könnte, muß außer Betracht gelassen werden. Die Vorschrift des Personenstandsgesetzes, wonach am Rande des Geburtseintrags zu vermerken ist, wenn die Abstammung eines Kindes mit allgemein bindender Wirkung festgestellt wird, schlägt hier nicht ein, da auch die bejahende Feststellung der Abstammung infolge einer Feststellungsklage keine allgemein bindende Wirkung hat. Die verneinende Feststellungsklage könnte ohnehin nie zu einem solchen Randvermerk führen; die Beseitigung einer unrichtigen Eintragung kann nur im Wege der freiwilligen Gerichtsbarkeit erwirkt werden. An dieser Rechtslage ist auch durch das Gesetz über Änderung und Ergänzung familienrechtlicher Vorschriften nichts geändert worden. Nach diesem Gesetz haben sich Parteien und Zeugen in familienrechtlichen Streitigkeiten, soweit dies zur Feststellung der Abstammung eines Kindes erforderlich ist, erb- und rassenkundlichen Untersuchungen zu unterwerfen, insbesondere die Entnahme von Blutproben zum Zwecke der Blutgruppenuntersuchung zu dulden. Ob das auch für Klagen zur Feststellung der Abstammung gilt, ist dem Gesetz nicht zu entnehmen. Das Reichsgericht verneinte die Frage für den vorliegenden Fall. (IV, 19. Dezember 1938.) Amtl. Sammlg. S. 58—64.

Vgl. JW. 1937 S. 3041; 1938 S. 245, 1225, 1293.

10. **Bierverlag. Leihe. Flaschenpfand.** (BGB. §§ 275, 602, 604.) Eine Brauerei lieferte einem Wirt, der auch einen Bierverlag betrieb, das dafür nötige Bier. Es wurde in Fässern angefahren, im Bierlager auf Flaschen abgezogen und in hölzernen oder eisernen Trägern den Kunden zugeführt; die Flaschen und Flaschenträger stellte die Brauerei zur Verfügung. Nach Auflösung der Vertragsbeziehungen verlangte die Brauerei die Herausgabe von Flaschen und Flaschenträgern oder Ersatz ihres Wertes mit 7200 RM. Der Wirt bestritt die Entschädigungspflicht und machte insbesondere geltend, daß ihm der übliche Satz von 15% des Jahresumsatzes für Verlust von Flaschen zuzubilligen sei. Das Landgericht verurteilte den Beklagten zur Zahlung von rund 4100 RM. mit der Begründung, daß er von

seinen Abnehmern das übliche Flaschenpfand von 10 Rpf. hätte fordern und als Ersatz für verlorene Flaschen an die Brauerei hätte abführen müssen. Das Berufungsgericht setzte die Urteilssumme auf rund 1600 RM. herab; es ließ den Beklagten zwar für die von den Kunden nicht zurückgelieferten Flaschen, nicht aber für den bei der Abfüllung und bei der Kundschaft entstandenen Flaschenbruch haften, den es auf 1½% des Jahresumsatzes bemaß. Die Revision der Brauerei führte zur Zurückverweisung. Das Berufungsgericht hatte den Flaschenbruch als eine durch den vertragsmäßigen Gebrauch herbeigeführte Verschlechterung der Leihsache angesehen. Das war rechtsirrig. Schon nach dem Sprachgebrauch kann die Zerstörung oder Vernichtung der geliehenen Sache nicht als eine Veränderung oder Verschlechterung angesehen werden; der Gebrauch, der die Leihsache vernichtet, ist kein Gebrauch mehr, sondern ein Verbrauch. Zu wessen Lasten der Verlust der geliehenen Sache, also beim Leihen von Flaschen und Gläsern der Bruch geht, entscheidet sich mangels besonderer Vereinbarung nach den allgemeinen Vorschriften des bürgerlichen Rechts, also darnach, ob der Entleiher die Unmöglichkeit der Rückgabe der Sache zu vertreten hat. Da die Leihe der Flaschen zum Abfüllen des Bieres und zur Weitergabe der gefüllten Flaschen an die Kundschaft diente, hatte der Beklagte den Bruch nicht zu vertreten, der bei dieser Art der Benutzung trotz Anwendung aller von ihm zu fordernden Sorgfalt entstand. Ein Bruch war nicht nur beim Abfüllen sondern auch bei der Beförderung der Flaschen nicht zu vermeiden. Es war rechtlich nicht zu beanstanden, diesen Verlust, falls dafür ein üblicher Satz festgestellt wurde, bei der Rückgabe der Flaschen in Ansatz zu bringen, ohne daß der Beklagte weiteren Beweis für den unverschuldeten Bruch zu führen brauchte. Eine andere Frage war, ob dazu auch der bei den Zwischenhändlern und Verbrauchern entstehende Bruch gehörte. Wenn hier auch bei sorgfältiger Behandlung der Flaschen in der Regel jeder Bruch vermieden werden kann, ist doch nicht ausgeschlossen, daß auf Grund einer allgemeinen Verkehrssitte auch ein Teil dieses Bruchs zu Lasten der Brauerei geht. Nach dieser Richtung war noch eine Prüfung notwendig. (III, 11. November 1938.) Amtl. Sammlg. S. 65—68.

11. **Bienen. Raucheinwirkung. Gefährdungshaftung. Abwehrklage. Mitverschulden.** (BGB. §§ 254, 823, 906, 1004; GewO. § 26.) Durch Arsengase, die aus einem dem Lande Sachsen gehörigen Hüttenwerk kamen, wurden zahlreiche

Bienenvölker der Umgegend vernichtet. Ein Imkerverein klagte auf Grund der ihm von den geschädigten Imkern abgetretenen Rechte auf Schadenersatz. Die Untergerichte gaben der Klage zum Teil statt. Die Revision des beklagten Landes führte zur Zurückverweisung. Die Feststellung, daß die Gase sich auf die Pflanzen niederschlugen, aus denen die Bienen ihre Nahrung entnahmen, wurde von keiner Seite angegriffen. Es handelte sich also um eine Verletzung des Eigentums der Imker durch die Hüttenwerke des beklagten Landes. Regelmäßiger Rechtsbehelf in solchen Fällen ist die Schadenersatzklage nach § 823 BGB. Diese fordert den Nachweis mindestens fahrlässigen Verhaltens des Beklagten. Eine vom Verschulden unabhängige Schadenersatzpflicht kennt das geltende Recht nur in einigen besonderen Fällen, so beim Aufopferungsanspruch oder als Gefährdungshaftung. Zu der ersten Art gehört der Anspruch auf Schadloshaltung, den die Rechtsprechung da gewährt, wo eine nach den Regeln des ordentlichen Rechts zulässige Abwehrklage aus besonderen Rücksichten, namentlich des Gemeinwohls, versagt wird. Das Berufungsgericht hatte das Vorliegen dieses Falles angenommen, weil den Imkern eine Abwehrklage durch § 26 GewO. versagt sei. Das Reichsgericht erklärte diese Auffassung für irrig. Es handelte sich nicht um eine Zuführung von Gift auf die Bienenstöcke, in welchem Falle eine Abwehrklage nach § 1004 BGB. in Betracht kam, sondern darum, daß die Bienen ihre Nahrung von Grundstücken nahmen, deren Pflanzen durch die Arsengase vergiftet waren. Es fehlte aber jede gesetzliche Grundlage dafür, den Imkern, deren Völker eine große Anzahl fremder Grundstücke beflogen, eine Sachberechtigung aus eigenem Recht gegen fremde Angriffe zuzubilligen. Der Bienenflug ist nicht rechtswidrig, soweit er sich in den durch § 906 BGB. gesteckten Grenzen hält; der Imker hat aber darum noch kein Recht an den beflogenen Grundstücken. Es würde nichts entgegenstehen, daß der Eigentümer durch Änderung der Grundstücksbeschaffenheit oder durch besondere Einrichtungen die Bienen fernhielte. Eine Gefährdungshaftung wäre dann anzunehmen gewesen, wenn sich aus der besonderen Gefährlichkeit des Betriebs eine Pflicht zur Schadloshaltung ergeben würde. Es kam darauf an, ob und wieweit die den Bienen schädliche Arsenzuführung die nach § 906 BGB. gezogenen Grenzen überschritt. Was sich innerhalb dieser Grenzen hält, muß allgemein hingenommen werden. Das Berufungsgericht hatte angenommen, daß eine gewisse Zuführung von Arsengasen auch in den dem Hüttenbetrieb fernerliegenden Gegenden auf ortüblicher Grundstückbenutzung beruhe, so daß die Imker sie zu dulden hätten. Das stimmte mit den vom Reichsgericht entwickelten Rechtsgrundsätzen überein. Auch die Zuführungen, die das nach § 906 BGB. zulässige Maß überschreiten, können, wenn Abhilfeeinrichtungen unmöglich oder mit einem gehörigen Betriebe unvereinbar sind, nicht verboten werden (§ 26 GewO.). Die Hütten dürfen dann mit diesen Ausscheidungen betrieben werden; diese sind aber, soweit sie über das zulässige Maß hinausgehen, rechtswidrig. Angesichts der Gefährlichkeit der Arsenausstreuungen lag dem beklagten Lande die Pflicht ob, alles zu deren Vermeidung oder Verminderung zu tun, was nach den Regeln der Technik möglich und mit einem gehörigen Betriebe vereinbar war. Eine etwaige Unterlassung in dieser Richtung war bei der Sachkunde der Hüttenleitung ohne weiteres als schuldhaft anzusehen, so daß sie eine Verantwortlichkeit für die daraus entspringenden Schadensfolgen begründete. Auch wenn die Giftzuführungen auf fremde Grundstücke unvermeidlich mit dem Betriebe der Hütten verbunden waren, mußten die leitenden Stellen der Betriebe mit diesen schädlichen Folgen rechnen. Das genügte zur Annahme eines die Pflicht zur Schadloshaltung des Geschädigten auslösenden schuldhaften Verhaltens des beklagten Landes (§ 823 BGB.). Nicht erforderlich war, daß die gesetzlichen Vertreter des beklagten Landes gerade an eine Schädigung der Imker dachten oder denken mußten; es genügte, wenn ihnen die naheliegende Möglichkeit der Schädigung anderer durch den Hüttenrauch ersichtlich war. Es konnte sich daraus aber auch ergeben, daß die Gegend für die Imkerei nicht mehr geeignet war. Wurden dann trotzdem noch Bienenvölker dort gehalten, so konnte die Anwendung des § 254 BGB. zu einer Versagung von Schadenersatzansprüchen für zukünftige Schädigungen führen. Für die zur Entscheidung stehenden Fälle war ein Mitverschulden der Imker zu verneinen, da der Zusammenhang des Bienensterbens mit den Giftzuführungen erst jetzt erkannt wurde. (V, 15. Dezember 1938.)

Amtl. Sammlg. S. 68—76.

Vgl. Bd. 101 S. 105; Bd. 105 S. 214; Bd. 122 S. 137; Bd. 139 S. 34; Bd. 141 S. 406; Bd. 144 S. 172; Bd. 154 S. 161; Bd. 155 S. 156; JW. 1916 S. 38; 1936 S. 3454.

12. Ehescheidung. Österreichisches Recht. (EheG. vom 6. Juli 1938 § 115.) Eine im Jahr 1933 in Österreich vor dem katholischen Pfarramt geschlossene Ehe wurde durch Beschluß des zuständigen österreichischen Bezirksgerichts vom 25. Juni 1935 auf Ersuchen beider Eheteile von Tisch und Bett geschieden. Der Ehemann hatte sich im Juni 1934 aus politischen Gründen nach Deutschland geflüchtet; im Juli 1934 war ihm die österreichische Bundesbürgerschaft aberkannt worden; am 6. Dezember 1935 wurde er in Deutschland eingebürgert. Im Mai 1937 erhob er gegen seine frühere Ehefrau Scheidungsklage. Das Berufungsgericht wies die Klage ab, ließ aber die Revision zu. Der Kläger bat für die Revisionsinstanz um das Armenrecht. Dieses wurde ihm wegen Aussichtslosigkeit der Rechtsverfolgung verweigert. Das Ehegesetz vom 6. Juli 1938 enthält besondere Vorschriften für die nach österreichischem Recht von Tisch und Bett geschiedenen Ehen. Diese Scheidungen sind in einem einfachen Verfahren in Scheidungen dem Bande nach überzuführen. Das Bezirksgericht prüft auf Antrag eines Ehegatten im außerstreitigen Verfahren nach, ob eine Scheidung von Tisch und Bett stattgefunden hat und ob die Ehegatten sich nicht wieder vereinigt haben; liegen diese leicht feststellbaren Tatsachen vor, so gibt das Bezirksgericht dem Antrag statt. Der Beschluß steht einem Urteil auf Scheidung der Ehe dem Bande nach gleich. Diese gesetzliche Regelung gilt auch, wenn die Scheidung von Tisch und Bett in beiderseitigem Einvernehmen erfolgt ist. Eine neue Klage auf Scheidung der Ehe ist ausgeschlossen; sie kann auch nicht darauf gestützt werden, daß ein Ehegatte nach der Scheidung von Tisch und Bett sich Eheverfehlungen hat zuschulden kommen lassen. Im gegebenen Falle machte es auch nichts aus, daß der Kläger die österreichische Bundesbürgerschaft verloren und dafür die Reichsangehörigkeit erworben hatte. Das Verbot einer neuen Klage muß auch gelten, wenn die Klage schon vor dem Inkrafttreten des neuen Ehegesetzes anhängig war. (IV, 15. Dezember 1938.) Amtl. Sammlg. S. 76—80.

13. Beamtenrecht. Versetzung in den Ruhestand. Landesrecht. (BerBeamtG. §§ 6, 7.) Ein Bürgermeister in Braunschweig wurde durch Beschluß der Stadtverordnetenversammlung zum 1. April 1935 in den Ruhestand versetzt. Er vertrat den Standpunkt, seine Versetzung in den Ruhestand habe nach dem Inkrafttreten des Gesetzes zur Wiederherstellung des Berufsbeamtentums nur noch vom Reichsstatthalter oder der obersten Reichsbehörde ausgesprochen werden können, und klagte auf Fortzahlung seines Gehalts. In zwei Rechtszügen drang die Klage durch. Das Reichsgericht verwies die Sache zurück. Nach braunschweigischem Recht war, wie das Berufungsgericht festgestellt hatte, die Versetzung von städtischen Beamten in den Ruhestand grundsätzlich statthaft, wenn dienstliche Rücksichten sie geboten erscheinen ließen. Diese Regelung war durch das Gesetz über die Wiederherstellung des Berufsbeamtentums nicht aufgehoben worden; dieses wollte für eine Übergangszeit die Möglichkeit, noch dienstfähige Beamte zu entlassen, erweitern, aber nicht einschränken. Soweit in den Ländern besondere Bestimmungen über die Versetzung von Beamten in den Ruhestand gelten, sind sie in Geltung geblieben. (III, 20. Dezember 1938.) Amtl. Sammlg. S. 80—83.

14. Beamtenrecht. Versetzung in den einstweiligen Ruhestand. Landesrecht. Berufung. (BerBeamtG. §§ 6, 7; ZPO. §§ 559, 561.) Ein Beamter einer badischen Stadt wurde durch Beschluß des Stadtrats mit Wirkung vom 1. August 1935 in den einstweiligen Ruhestand versetzt. Er vertrat den Standpunkt, daß nach dem Inkrafttreten des Gesetzes über die Wiederherstellung des Berufsbeamtentums seine Versetzung in den Ruhestand nur nach den Vorschriften dieses Gesetzes habe erfolgen können. Seine Klage auf Fortzahlung seines Gehalts wurde in allen Rechtszügen abgewiesen. Nach der Beamtensatzung der verklagten Stadt konnte, wie das Berufungsgericht festgestellt hatte, jeder unwiderruflich angestellte Beamte unter Bewilligung des gesetzmäßigen Wartegeldes einstweilen in den Ruhestand versetzt werden. Diese Bestimmung war durch das Gesetz zur Wiederherstellung des Berufsbeamtentums nicht beseitigt worden. (Für die Begründung verweist die Entscheidung, wie sie veröffentlicht ist, auf die unter 13 bekanntgegebene Entscheidung.) In der Revisionsbeantwortung war die Rechtzeitigkeit der Berufung bestritten. Diese Frage war von Amts wegen zu prüfen; dabei hatte das Revisionsgericht auch Tatsachen zu berücksichtigen, die dem Berufungsgericht nicht vorgelegen hatten, und die Beweise selbständig zu würdigen, erforderlichenfalls auch Beweise zu erheben. Durch die Erklärung des Anwalts des Klägers war bewiesen, daß er infolge Umzugs seiner Kanzlei erst am 25. Oktober 1937 Kenntnis von dem Eingang des von Anwalt zu Anwalt zugestellten Urteils des ersten Rechtsgangs erhalten hatte und daß der vom Gegenanwalt eingesetzte Tag der Zustellungsbescheinigung von ihm nur versehentlich nicht richtiggestellt wurde. Für die Wirksamkeit der Zustellung von Anwalt zu Anwalt kommt es aber darauf an, wann der das Empfangsstück ausstellende Anwalt von der Zustellung Kenntnis erlangt und sich entschließt, die Zustellung anzunehmen. Die

Berufung war also am 24. November 1937 noch rechtzeitig eingelegt. (III, 20. Dezember 1938.) Amtl. Sammlg. S. 83—86. Vgl. Bd. 95 S. 144; Bd. 109 S. 8; Bd. 152 S. 1; Bd. 159 S. 80.

15. Genossenschaft. Gesamthaftung. Ausgleichspflicht Mitverschulden. (GenG. §§ 34, 41; BGB. §§ 254, 426.) Eine Genossenschaft, die eine Bank betrieb, erlitt dadurch einen Verlust, daß in einem Falle ohne genügende Sicherung und über die zulässige Höchstgrenze hinaus Kredit gewährt wurde. Sie klagte gegen die Mitglieder des früheren Vorstands und Aufsichtsrats auf Schadenersatz. Der Witwe eines verstorbenen Mitglieds des Aufsichtsrats wurde der Streit verkündet; sie trat dem Rechtsstreit nicht bei. In einem Vergleich verpflichtete sich ein Mitglied des Vorstands zur Zahlung von 30000 RM.; die Genossenschaft verzichtete auf weitere Ansprüche gegen die damaligen Beklagten. Auf Grund der geleisteten Zahlungen klagte das Mitglied des Vorstands gegen die Witwe und Erbin des verstorbenen Aufsichtsratsmitglieds auf Ausgleich mit der Begründung, daß ihr Ehemann den durch die Kreditgewährung entstandenen Schaden mitverschuldet habe. In allen Rechtszügen wurde die Klage abgewiesen. Die Beklagte hatte ein Verschulden ihres Ehemanns bestritten und sich dafür auf Feststellungen des früheren Rechtsstreits berufen. Mit Recht hatte das Berufungsgericht eine Bindung an diese Feststellungen abgelehnt, weil dieser Rechtsstreit nicht durch ein Urteil, sondern durch einen Vergleich erledigt worden war. Aber auch wenn in einem rechtskräftigen Urteil die von der Beklagten behaupteten Feststellungen getroffen worden wären, hätte das der Beklagten nichts genützt; in einem Ausgleichsprozeß unter Gesamtschuldnern kann sich der Streitgehilfe nicht auf das Urteil in einem früheren Rechtsstreit stützen, das eine Gesamtschuld festgestellt hat. Das Ausgleichsrecht ist ein selbständiger Anspruch aus der zwischen den Gesamtschuldnern bestehenden Rechtsgemeinschaft; der Schadenersatzprozeß hat diesen Ausgleich nicht zum Gegenstand. Ein auf Ausgleich belangter Schuldner kann auch nicht geltend machen, im Vorprozeß sei festgestellt worden, daß er nicht Gesamtschuldner sei. Der Klage stand darum auch nicht im Wege, daß der Schadenersatzanspruch gegen den Erblasser verjährt gewesen wäre. Der Ausgleichsanspruch unterliegt als selbständiger Anspruch einer besonderen Verjährung; mangels einer abweichenden Vorschrift gilt die dreißigjährige Verjährungsfrist. Zwischen den Mitgliedern des Vorstands und des Aufsichtsrats einer Genossenschaft besteht ein unechtes Gesamtschuldverhältnis.

Wenn auch im § 34 GenG. nur die Mitglieder des Vorstands und im § 41 nur die Mitglieder des Aufsichtsrats der Genossenschaft gegenüber für gesamtschuldnerisch haftbar erklärt sind, schließt das nicht aus, daß zwischen den beiden Gruppen eine Gemeinschaft besteht, aus der sich ihre gesamtschuldnerische Haftung ergibt. Eine solche Gemeinschaft kann sogar vorliegen, wenn ein Schuldner zu einer Leistung vertraglich, der andere aber zu derselben Leistung auf Grund unerlaubter Handlung verpflichtet ist. Jedenfalls ist sie anzunehmen, wenn beide Verpflichtungen denselben Zweck verfolgen. Das gilt für die Haftungsvorschriften der §§ 34, 41 GenG. zweifellos insofern, als sie die Genossenschaft gegen pflichtwidriges Verhalten ihrer Organe schützen sollen. Der Ausgleich hat in der Regel zu gleichen Teilen zu erfolgen; eine Abweichung kann sich aber auch aus dem Gesichtspunkt des Mitverschuldens ergeben (BGB. §§ 254, 426). Es ist also zu prüfen, wieweit der Schaden von dem einen oder dem anderen von mehreren Gesamtschuldnern verursacht worden ist; hievon hängt die Verpflichtung zum Ausgleich und ihr Umfang ab. Die Anwendung dieses Grundsatzes kann auch dazu führen, daß ein Gesamtschuldner gegenüber dem anderen von einer Pflicht zum Ausgleich ganz befreit ist. Durch die eigenmächtige Kreditgewährung hatte der Vorstand den Schaden vorwiegend verursacht. Für einen Ausgleichsanspruch gegenüber dem Erblasser der Beklagten, der der Kreditkommission gar nicht angehört hatte, war kein Raum. (II, 17. Dezember 1938.) Amtl. Sammlg. S. 86—92.
Vgl. Bd. 69 S. 427; Bd. 75 S. 251; Bd. 77 S. 322; Bd. 84 S. 429; Bd. 146 S. 97.

16. Schiedsgericht. Unzulässiges Verfahren. (ZPO. §§ 1027, 1034, 1041.) Im Jahr 1936 wurde ein Erbhof verpachtet. Im Pachtvertrag war bestimmt, daß alle Streitigkeiten, die aus dem Vertrag entstehen sollten, durch das Pachtschiedsgericht der Kreisbauernschaft entschieden werden sollten. Die Verpächterin rief im Jahr 1937 das Schiedsgericht an und verlangte Auflösung des Pachtvertrags mit sofortiger Wirkung sowie Zahlung bestimmter Beträge. In der ersten Verhandlung vor dem Schiedsgericht lehnte der Beklagte den Obmann ab, weil dieser in der gleichen Sache schon als Sachverständiger für die Gegenseite tätig gewesen sei. Der Obmann erkannte den Ablehnungsgrund an und trat von dem Vorsitz zurück. Im Schiedsspruch wurde der Klage stattgegeben. Die Klägerin beantragte, den Schiedsspruch für vollstreckbar zu erklären. Der

Beklagte wandte ein, der abgelehnte Obmann habe bei dem Verfahren vor dem Schiedsgericht, insbesondere bei der Beratung der Schiedsrichter und bei der Abfassung des Schiedsspruchs, in einer die Entscheidung beeinflussenden Weise mitgewirkt. Das Berufungsgericht erklärte den Schiedsspruch für vollstreckbar. Das Reichsgericht verwies die Sache zurück. Die Schiedsklausel des Pachtvertrages war an sich unwirksam, weil Schiedsverträge nicht mit anderen Vereinbarungen verbunden werden dürfen; der Formmangel war aber dadurch geheilt worden, daß der Beklagte sich nach dem Rücktritt des Obmanns vorbehaltlos auf die Verhandlung zur Hauptsache eingelassen hatte. Damit waren die Parteien auch an die für das vereinbarte Schiedsgericht aufgestellte Verfahrensordnung gebunden. Das Berufungsgericht hatte darauf Gewicht gelegt, daß der Beklagte gegen den Schiedsspruch hätte Berufung einlegen können, das aber nicht getan habe; damit habe er sich des Rechts begeben, Mängel des bisherigen Schiedsverfahrens geltend zu machen. Diese Auffassung erklärte das Reichsgericht für bedenklich. Der Beklagte hatte zudem während des Verfahrens vor dem Berufungsgericht nachträglich Berufung an das Oberschiedsgericht eingelegt; diese war aber als verspätet verworfen worden. Ob diese Beurteilung des Oberschiedsgerichts zutraf und ob sie die ordentlichen Gerichte band, konnte dahingestellt bleiben; entscheidend war, daß eine sachliche Nachprüfung des Schiedsspruchs durch das Oberschiedsgericht nicht stattgefunden hatte. Der Schiedsspruch, der für vollstreckbar erklärt werden sollte, beruhte, wenn die Ausführungen des Beklagten zutrafen, auf einem unzulässigen Verfahren. Es ist ein wesentlicher Grundsatz jeder geordneten Rechtspflege, daß ein Richter, der wegen Befangenheit abgelehnt worden ist, an der Entscheidung nicht mitwirken darf, zumal wenn er die Ablehnung als begründet anerkannt hat. Über diesen Grundsatz konnte sich das Ermessen der Schiedsrichter, auch wenn ihnen Freiheit der Gestaltung des Verfahrens zukommt, nicht hinwegsetzen. (VII, 3. Januar 1939.)

Amtl. Sammlg. S. 92—99.

Vgl. Bd. 144 S. 104; JW. 1938 S. 1025.

17. Preistreiberei. Rechtswidrigkeit übermäßiger Vergütung. Ungerechtfertigte Bereicherung. Verwirkung. (BGB. §§ 242, 254, 812, 819, 823, 852; PrTrVO. vom 13. Juli 1923.) Unmittelbar nach Wiederherstellung der deutschen Währung gab ein Kaufmann mit Hilfe einer Bank in großem Umfang Darlehen aus, für die er sich Wechselakzepte oder andere Sicherheiten in unverhältnismäßig hohem Werte geben ließ. Mehrere Schuldner, die sich hierdurch für geschädigt hielten, traten ihre Forderungen an einen Vertreter ab, der Klage gegen den Darlehnsgeber erhob. In zwei Rechtszügen wurde die Klage abgewiesen. Das Reichsgericht verwies die Sache zurück. Das Berufungsgericht hatte angenommen, daß die Handlungen des Beklagten wohl gegen die Preistreibereiverordnung von 1923 verstießen, daß sie aber gleichwohl gegenüber den Rechtsvorgängern des Klägers nicht rechtswidrig gewesen seien, weil diese mit den ihnen gestellten Bedingungen einverstanden waren. Das erklärte das Reichsgericht für rechtsirrig. Die Vorschriften der Preistreibereiverordnung verfolgten den Zweck, im Interesse der gesamten Volkswirtschaft zu verhindern, daß die gleichmäßige Befriedigung der Bedürfnisse der Bevölkerung durch Fordern oder Gewähren übermäßiger Vergütungen gestört wurde; sie bedrohten deshalb den Geldgeber auch dann mit Strafe, wenn der Geldnehmer mit der Höhe der Vergütung einverstanden war, ja sogar, wenn er freiwillig übermäßige Vergütung zahlte. Grundsätzlich wird ein Schadenersatzanspruch durch Einwilligung des Geschädigten insoweit nicht ausgeschlossen, als die Handlung trotz der Einwilligung widerrechtlich, insbesondere strafbar bleibt. Soweit die Vergütungen, die sich der Beklagte gewähren ließ, das zulässige Maß überschritten, war er wegen Verletzung der als Schutzgesetz anzusehenden Preistreibereiverordnung nach § 823 Abs. 2 BGB. zum Ersatz verpflichtet. Da diese Ansprüche nach § 852 BGB. verjährt waren, beschränkte sich diese Verpflichtung auf Herausgabe der ungerechtfertigten Bereicherung. Gegenüber dem Einwand des Beklagten, daß er nicht mehr bereichert sei, war darauf hinzuweisen, daß er, soweit er durch die Annahme der Leistungen gegen ein gesetzliches Verbot verstoßen hatte, von dem Empfang an so zur Herausgabe verpflichtet war, als ob der Anspruch auf Herausgabe zu dieser Zeit rechtshängig geworden wäre. Daß dem Beklagten über diese Zuwiderhandlung gegen die Preistreibereiverordnung hinaus eine vorsätzliche, gegen die guten Sitten verstoßende Schädigung der Rechtsvorgänger des Klägers zur Last liege, hatte das Berufungsgericht mit der Begründung verneint, daß zu jener Zeit Zweifel an der Festigkeit der Rentenmark bestanden, und daß darum hohe Entschädigungen für die Gewährung von Darlehen üblich gewesen seien. Diese Erwägungen konnten aber nicht dazu dienen, eine übermäßig hohe Vergütung für den Beklagten zu rechtfertigen, zumal bei der Art der festgestellten

Verbindung zwischen dem Angeklagten und der Bank diese die Gefahr einer etwaigen Geldentwertung trug. Immerhin war die Verneinung einer sittenwidrigen Vermögensschädigung nach § 826 BGB. hiedurch nicht ausgeschlossen. Das gleiche galt auch von der Behauptung des Klägers, daß die gewährten Sicherheiten stets gut gewesen seien und die Darlehensschuld reichlich gedeckt hätten, daß auch für den Beklagten bei der Art seiner Verbindung mit der Bank die Beschaffung der Gelder einfach und mühelos gewesen sei. Gleichwohl hatte das Berufungsgericht die Abweisung der Schadenersatzansprüche damit begründet, daß die Rechtsvorgänger des Klägers wissentlich die mit der Annahme der Darlehensbedingungen verbundene Gefahr in Kauf genommen und auf diese Weise selbst durch ein auf Vorsatz beruhendes Mitverschulden den Schaden verursacht hätten. Das erklärte das Reichsgericht für rechtlich verfehlt. Den Darlehensnehmern war die Gewährung übergroßer Vergütungen durch das Gesetz nicht verboten; wenn sie sich auf die vom Beklagten gestellten Bedingungen einließen, konnte darin keine vorsätzliche Verletzung der Sorgfaltspflicht gefunden werden, die sie nach Lage der Sache bei Wahrnehmung ihrer eigenen Angelegenheiten zu beobachten hatten. Rechtlich unhaltbar war endlich auch die Annahme des Berufungsgerichts, daß die Ansprüche gegen den Beklagten unter allen Umständen verwirkt seien, weil ihre verzögerte Geltendmachung gegen Treu und Glauben verstoßen habe. Der Einwand der unzulässigen Rechtsausübung ist allerdings nicht auf Ansprüche aus Verträgen beschränkt, vielmehr auch gegenüber Ansprüchen aus ungerechtfertigter Bereicherung zulässig. Es ist aber daran festzuhalten, daß grundsätzlich jeder Schuldner seine Verpflichtung zu erfüllen hat und daß nur unter ganz besonderen Umständen einer vor Vollendung der Verjährung erfolgenden Inanspruchnahme gegenüber eingewendet werden kann, durch sie verstoße der Gläubiger gegen Treu und Glauben. Ein solcher Einwand ist besonders zugelassen worden, wenn außergewöhnliche Verhältnisse (die Geldentwertung) einem Beteiligten einen außergewöhnlichen Rechtsbehelf (die Aufwertung) gewährten. Im vorliegenden Falle waren keine Umstände festgestellt worden, die es für den Beklagten nicht länger zumutbar hätten erscheinen lassen können, die Unsicherheit darüber noch länger zu tragen, ob im Gesetz seit langem anerkannte Ansprüche auf Herausgabe dessen, was durch unerlaubte Handlung von anderen erlangt worden war, noch gegen ihn geltend gemacht würden.

(VI, 10. Dezember 1938.) Amtliche Sammlung S. 99—108. Vgl. Bd. 66 S. 306; Bd. 88 S. 146; Bd. 107 S. 108; Bd. 110 S. 133; Bd. 114 S. 404; Bd. 116 S. 317; Bd. 117 S. 358; Bd. 133 S. 293; Bd. 150 S. 1; Bd. 155 S. 148; Bd. 156 S. 70; Bd. 158 S. 107, 235; JW. 1927 S. 2115; 1928 S. 1293; 1931 S. 3083.

18. Wiedereinsetzung in den vorigen Stand. Unabwendbarer Zufall. Offenbares Versehen. (ZPO. §§ 233, 319.) Der Klage auf Feststellung, daß der Kläger nicht Vater der Beklagten sei, hatte das Landgericht auf Grund eines Gutachtens des Amtsarztes über die Blutgruppenuntersuchung der Beteiligten entsprochen. Mit Rücksicht auf dieses Gutachten riet der Prozeßbevollmächtigte der Beklagten von der Einlegung einer Berufung ab. Nach Ablauf der Berufungsfrist teilte der Amtsarzt mit, daß ihm ein bedauerlicher Irrtum unterlaufen sei. Die darauf eingelegte Berufung wurde vom Berufungsgericht zugelassen; sie führte zur Abweisung der Klage. Die Revision hatte keinen Erfolg. Mit Recht hatte das Berufungsgericht in dem Sachverhalt einen unabwendbaren Zufall erblickt und die Wiedereinsetzung in den vorigen Stand gewährt. Ein unabwendbarer Zufall liegt vor, wenn dessen Eintritt oder Folgen von dem, dem die Vornahme einer Prozeßhandlung oblag, bei Anwendung der gerade ihm nach Lage des Falles gerechterweise zuzumutenden Sorgfalt nicht abgewendet werden konnten. Mit einem sachlich unrichtigen Gutachten und einem darauf beruhenden unrichtigen Urteil wird zwar jede Partei angesichts menschlicher Unzulänglichkeit rechnen müssen. Als unabwendbarer Zufall kann eine unrichtige Beurteilung in der Regel nicht angesehen werden, auch wenn sie zu dem Entschluß geführt hat, von einer Berufung abzusehen. Mit einem offenbaren Versehen sollen aber Partei und Anwalt nicht rechnen müssen. Solche Versehen sind daher auch als unabwendbare Zufälle zu erachten, wenn sonst schuldhaftes Verhalten der Partei oder ihres Vertreters bei Versäumung der Frist nicht mitgewirkt hat. Ein solches Verhalten war hier nicht nachgewiesen. Die Beklagte war minderjährig, ihr Pfleger rechtsunkundig; auch dem Anwalt konnte keine größere Kenntnis und Umsicht zugemutet werden, als dem Landgericht, das sich ebenfalls auf das Gutachten verlassen hatte. (IV, 9. Januar 1939.) Amtl. Sammlg. S. 109—111. Vgl. Bd. 96 S. 322; Bd. 116 S. 13.

19. Ehescheidung. Widerspruchsrecht. (EheG. § 55). Eine im Jahr 1912 geschlossene Ehe wurde schon wenige Jahre nachher gelockert, zumal das aus ihr hervorgegangene Kind früh gestorben und die Ehe seitdem ohne Kindersegen geblieben war. Der Ehemann ließe sich mehrere schwere Eheverfehlungen zuschulden kommen, die aber die Frau verzieh. Als er ein dauerndes Liebesverhältnis einging, trennte sie sich im Jahr 1935 von ihm. Seine Klage auf Scheidung oder Wiederherstellung der ehelichen Gemeinschaft wurde im Jahr 1937 abgewiesen. Ende 1937 erhob er eine neue Klage auf Wiederherstellung der ehelichen Gemeinschaft. Sie wurde in zwei Rechtszügen abgewiesen. Während die Sache beim Reichsgericht anhängig war, trat das Ehegesetz vom 6. Juli 1938 in Kraft. Der Kläger stellte nunmehr Antrag auf Scheidung der Ehe gemäß § 55 EheG. Er hatte keinen Erfolg. Allerdings lebten die Ehegatten zur Zeit der letzten mündlichen Verhandlung vor dem Revisionsgericht seit drei Jahren getrennt; die Frist für das Verlangen der Scheidung war also erfüllt und es kam nicht darauf an, daß sie zur Zeit der Erhebung der Klage noch nicht erfüllt war. Die Frau widersprach aber der Scheidung und dieser Widerspruch mußte um so mehr Beachtung finden, als die Frau an der Zerrüttung der Ehe keine Schuld trug. Zu berücksichtigen war auch, daß die Ehe schon seit 26 Jahren bestand, daß die Ehegatten erst seit 3 Jahren getrennt lebten und daß die Scheidung für die Frau, trotz der fortbestehenden Unterhaltspflicht des Klägers, eine ernstliche wirtschaftliche Gefährdung bedeutete. Bevölkerungspolitische Gesichtspunkte, die für die Scheidung sprachen, lagen nicht vor. Der Kläger war schon 60 Jahre alt; wenn er sich im Fall einer Scheidung wieder verheiratete, lag nahe, daß er die Ehe mit einer Frau reiferen Alters schloß und daß Kindersegen nicht mehr zu erwarten war; eine Eheschließung mit einer viel jüngeren Frau war vom bevölkerungspolitischen Standpunkt aus nicht so erwünscht, daß diese Möglichkeit zugunsten einer Scheidung ins Gewicht fallen konnte. Eine Scheidung nur zu dem Zweck, um dem Kläger die Freiheit zu geben, ließ sich unter solchen Umständen nicht rechtfertigen. Allerdings durfte dann auch die Beklagte die Wiederherstellung der ehelichen Gemeinschaft nicht mehr ohne besonderen Grund verweigern; andernfalls machte sie sich einer schweren Eheverfehlung schuldig und gab damit dem Kläger Grund zur Ehescheidung. (IV, 12. Januar 1939.)

Amtl. Sammlg. S. 111—114.

20. Ehescheidung. Häusliche Gemeinschaft. Trennung von Tisch und Bett. (EheG. §§ 55, 57, 59.) Eheleute lebten miteinander in einer gemeinsamen Wohnung, hatten aber seit mehr als 5 Jahren getrennte Schlafzimmer und nahmen auch die Mahlzeiten getrennt ein; im übrigen führte die Frau den Haushalt. Die auf § 55 EheG. gestützte Scheidungsklage wurde in allen Rechtszügen abgewiesen. Als Aufhebung der häuslichen Gemeinschaft kann nur ein tatsächlicher Zustand angesehen werden, bei dem die persönliche Berührung der beiden Ehegatten weitgehend ausgeschaltet ist. Wenn auch die Parteien nur noch die notwendigsten Dinge miteinander besprachen, führten sie doch einen gemeinsamen Haushalt, den die Ehefrau leitete und für den ihr der Ehemann die notwendigen Mittel zur Verfügung stellte. Die Heranziehung früherer Eheverfehlungen der Beklagten hatte das Berufungsgericht, soweit diese mehr als 6 Monate vor Erhebung der Scheidungsklage zurücklagen, mit der Begründung abgelehnt, daß nach dieser Zeit schwere eheliche Verfehlungen der Beklagten nicht nachweisbar seien. Diese Auffassung erklärte das Reichsgericht für rechtsirrig. Für die Anwendung des § 59 EheG. ist nicht erforderlich, daß die Eheverfehlungen, deren Geltendmachung durch Fristablauf nicht ausgeschlossen ist, für sich allein einen Scheidungsanspruch begründen; die Vorschrift ist vielmehr gerade für den Fall von Bedeutung, daß die nicht ausgeschlossenen Eheverfehlungen zur Scheidung nicht ausreichen, aber zusammen mit den ausgeschlossenen Eheverfehlungen einen Scheidungsgrund ergeben. Es genügt also, daß irgendeine nicht ganz bedeutungslose Eheverfehlung von der Geltendmachung nicht ausgeschlossen ist. Das Berufungsgericht hatte aber trotz seiner Auffassung auch die früheren Eheverfehlungen gewürdigt. (IV, 12. Januar 1939.) Amtl. Sammlg. S. 115—121.

Vgl. Bd. 53 S. 346; JW. 1912 S. 147; 1920 S. 611.

21. Leihe. Schadenersatz. Anwendung früheren Rechts. (BGB. §§ 278, 549, 603; EGzBGB. Art. 170, 171.) Im Jahr 1857 wurde zwischen dem Bischof von Limburg und einem im Bistum ansässigen Gutsbesitzer ein Vertrag geschlossen, wonach dieser dem Bischof und seinen Nachfolgern im Bistum das Recht einräumte, auf einem ihm gehörigen Grundstück eine Kirche und ein Priesterhaus zu bauen; außerdem verpachtete er ihm landwirtschaftliche Grundstücke auf solange, als das Priesterhaus bestehe oder der Bischof die Fortdauer des Pachtverhältnisses wünsche; den Pachtzins überwies der Verpächter dem Priesterhaus als Unterhaltsbeitrag für die Priester. Eigentümer der Kirche und des Priesterhauses sollte der Gutsbesitzer sein. Im Jahr 1873 übergab der Bischof die Kirche und das

Priesterhaus dem Orden des hl. Franziskus, ebenso einen Teil der Pachtgrundstücke. Im Jahr 1937 brannte das Priesterhaus zum Teil ab; der Brand war von einem Laienbruder des Ordens fahrlässig verursacht worden, indem dieser in einem Teil des Dachbodens, in dem er nichts zu tun hatte, eine Kerze anzündete und, als er wegging, zu löschen vergaß. Die Brandversicherungsanstalt zahlte dem Eigentümer des Gebäudes eine Entschädigung. Von den auf sie übergegangenen Ersatzansprüchen des Eigentümers gegen den Bischof trat sie einen Teil an einen Verband ab, gegen den der Bischof aus anderen Rechtsgründen eine Klage erhoben hatte. Der Verband rechnete mit diesem Betrag gegen die Klageforderung auf und erhob Widerklage. In allen Rechtszügen drang die Klage durch und wurde die Widerklage abgewiesen. Der Entscheidung über die Aufrechnung und Widerklage war das frühere Recht zugrunde zu legen. Die Anwendung des neuen Rechts wäre, selbst wenn ein Pachtverhältnis gegeben gewesen wäre, deswegen ausgeschlossen gewesen, weil die Kündigung des Verhältnisses nur dem Bischof zustand. Der Annahme eines Pachtvertrages stand entgegen, daß der Pachtzins als Unterhalt für die Insassen des Priesterhauses zu verwenden war; jedenfalls war für das Priesterhaus selbst kein Pachtzins zu zahlen. Wie sich aus der stiftungsmäßigen Art des ganzen Rechtsgeschäfts ergab, lag in dieser Hinsicht eine unentgeltliche Gebrauchsleihe vor. Nach gemeinem Recht hat der Entleiher in der Regel die Obhutpflicht über die entliehene Sache. Für den vorliegenden Fall hatte aber das Berufungsgericht angenommen, daß die Vertragsparteien die nicht auf Kosten des Grundeigentümers, sondern auf Kosten des Bischofs errichteten Gebäude von dieser Obhutpflicht hätten ausnehmen wollen. Das Reichsgericht trat diesen Ausführungen bei. Übrigens würde auch bei Bestehen einer Obhutpflicht die Widerklage unbegründet gewesen sein, weil nach gemeinem Recht der Entleiher (wie auch der Mieter oder Pächter) für eine der Sache durch einen Dritten zugefügte Beschädigung nur dann einzustehen hat, wenn ihm selbst, z. B. bei der Auswahl des Dritten, ein Verschulden zur Last fällt. Das traf hier nicht zu. (IV, 16. Januar 1939.) Amtl. Sammlg. S. 121—128.

Vgl. Bd. 53 S. 170; Bd. 66 S. 220; JW. 1932 S. 2953.

22. Reichsautobahn. Nachbarrecht. Abwehrklage. Aufopferungsanspruch. Schadenersatz. (BGB. § 906; GVG. § 13; RAutoBG. vom 27. Juni 1933 §§ 8, 8a; EinlzPrALR. § 75.) Die Reichsautobahn Köln-Düsseldorf führt an einem Haus in einem Nachbarort von Köln in einer Entfernung von etwa 5 Meter vorbei. Die Eigentümerin des Hauses behauptete, durch die Anlage und den Betrieb der Autobahn habe ihr Haus sehr gelitten; ein Teil der Mieter habe Herabsetzung des Mietzinses verlangt, ein Teil mit Wegziehen gedroht. Ihre Klage auf Schadenersatz wurde in zwei Rechtszügen zum Teil als gerechtfertigt anerkannt. Das Reichsgericht wies sie ab. Der Rechtsweg war zulässig, wenn auch das Unternehmen „Reichsautobahn" eine Körperschaft öffentlichen Rechts ist. Obwohl es mit dem Bau und Betrieb der Kraftfahrbahn öffentliche und hoheitsrechtliche Aufgaben erfüllt, steht es doch mit seinem Grundbesitz im Bereich des privatrechtlichen Eigentums und ist mit diesem den Regeln des bürgerlichen Rechts, insbesondere des Nachbarrechts, unterworfen, soweit das nicht seinen öffentlich-rechtlichen Aufgaben widerstreitet und soweit nicht besondere Bestimmungen eingreifen. Für die Eisenbahn und die Post, die ebenfalls Staatsaufgaben erfüllen, ist das nie zweifelhaft gewesen. Das Berufungsgericht hatte darauf Gewicht gelegt, daß die Planung vor dem Bau nicht offengelegt worden sei, so daß die Klägerin ihre Belange nicht habe wahrnehmen können; sie hätte zwar kaum eine andere Linienführung erreicht, vielleicht wäre ihr aber eine Entschädigung zugebilligt worden. Im § 8a RAutoBG. war vorgesehen, daß Bauanlagen in einer Entfernung von 100 Metern von der Autobahn nur mit Genehmigung des Generalinspektors errichtet werden dürfen und daß im Falle der Versagung eine Entschädigung gewährt werden kann, über die der Generalinspektor mit Ausschluß des Rechtswegs entscheidet. Diese Bestimmung war nicht anwendbar; es handelte sich hier um Schädigung eines vorhandenen Hauses, nicht um die Verhinderung einer für die Zukunft erstrebten Ausnutzung eines Grundstücks durch eine vom Generalinspektor ausgesprochene Versagung. Eine Entschädigung konnte also nur in Frage kommen, wenn von der Bahn aus Einwirkungen auf das Haus der Klägerin stattfanden, die das nach § 906 BGB. zulässige Maß überschritten. Aus der öffentlich-rechtlichen Stellung des Unternehmens folgte, wie für andere Betriebe, die für das allgemeine Wohl unentbehrlich oder doch von besonderer Bedeutung sind, daß gegenüber solchen Einwirkungen keine Abwehrklage, sondern nur eine Schadenersatzklage zulässig ist. Dieser vom Nachweis schuldhaften Handelns unabhängige Aufopferungsanspruch ergibt sich aus dem Rechtsgedanken, der im § 75 EinlzPrALR. und im § 26 GewO. Ausdruck gefunden hat. Die Klage richtet sich gegen den Störer; als solcher ist nicht nur anzusehen, wer die störende Einwirkung unmittelbar hervorbringt, sondern auch der, durch dessen maßgebenden Willen der die Eigentumsbeeinträchtigung herbeiführende Zustand geschaffen wurde und aufrecht erhalten wird. Die Klägerin beschwerte sich nicht darüber, daß einzelne Betriebsvorgänge auf der Autobahn störend wirkten, wohl aber darüber, daß die Häufung des Verkehrs schädigende Wirkungen für sie habe. Diese Zusammenfassung unbeschränkt ausgeführten Fahrens ist aber gerade der Zweck der Reichsautobahn; für einen solchen Verkehr in Massenausdehnung wurde sie geschaffen und wird sie unterhalten. Demgemäß ist das Unternehmen „Reichsautobahn" als Störer bei den von ihrem Betrieb ausgehenden unzulässigen Einwirkungen anzusehen; das um so mehr, als der gestörte Nachbar weder rechtlich noch tatsächlich in der Lage ist, sich an die einzelnen Teilnehmer des Verkehrs zu halten. Die Klage mußte aber daran scheitern, daß die Grenze der nach § 906 BGB. zulässigen Einwirkungen nicht überschritten war. Alles, worüber sich die Klägerin beschwerte, wurde herbeigeführt durch die Benutzung der Reichsautobahn, wie sie nach den örtlichen Verhältnissen bei Grundstücken dieser Lage gewöhnlich ist und wie sie deshalb jeder Nachbar hinnehmen muß. Jeder Straßenanlieger muß sich den Verkehr, der auf der Straße zufolge den örtlichen Gegebenheiten herrscht, gefallen lassen; er muß sich auch mit unerwarteten Änderungen abfinden, wie etwa, wenn eine bis dahin ruhige und abgeschlossene Straße durch die Entwicklung der Dinge Trägerin starken Verkehrs wird. Die Anlage der Reichsautobahn stellt eine angesichts des immer mehr zunehmenden Kraftwagenverkehrs notwendige Ausdehnung des Straßennetzes dar. Solche Änderungen, die dem Volksganzen großen Vorteil bringen, können mit Nachteilen für den Einzelnen verbunden sein; es besteht aber kein Rechtssatz, daß jeder so entstehende Schaden zu ersetzen wäre. Die Benutzung von Gelände zur Anlage notwendiger Verkehrswege und die Benutzung der so geschaffenen Bahn durch Kraftwagen und Motorräder ist aber namentlich in Gegenden mit starker Verkehrsentwicklung durchaus ortsüblich. Das gilt auch dann, wenn der Verkehr zu besonderen Gelegenheiten außergewöhnlich stark und geräuschvoll ist. Durch die Rechtsprechung des Reichsgerichts ist in Anlehnung an den Gedanken der Volksgemeinschaft und insbesondere den eines nachbarlichen Gemeinschaftsverhältnisses dem § 906 BGB. eine erweiterte Auslegung dahin gegeben worden, daß bei Prüfung der Ortsüblichkeit der Benutzung auch die in der Gegend allgemein bestehenden örtlichen Verhältnisse zu berücksichtigen sind. So wurde ausgesprochen, daß in einer Gegend, in der sowohl Industrie als auch Landwirtschaft ortsüblich sind, Einwirkungen eines Industriewerks von solcher Art und solchem Maß, daß sie die Lebensbedingungen der Landwirtschaft zerstören, nicht als rechtmäßig im Sinne dieser Vorschrift angesehen werden können. Die Anwendung dieses Gedankens auf eine Ortsgestaltung wie sie hier vorlag, wo die Reichsautobahn in einer Gegend starken Verkehrs durch Wohngegenden hindurchführt, legt dieser Pflichten der Rücksichtnahme auf. Einwirkungen auf Nachbarn, die bei schuldiger Rücksichtnahme vermeidbar gewesen wären, sind nicht als rechtmäßig anzusehen; doch ist eine Pflicht zur Schadloshaltung nur bei offensichtlich und in hohem Maße verfehlter Ausübung des pflichtmäßigen Ermessens der zuständigen Stellen anzunehmen. Davon konnte im vorliegenden Falle keine Rede sein. Bedeutungslos war insbesondere der Umstand, daß die Pläne nicht offen ausgelegt worden waren. Die Offenlegung ist ein Teil des landespolizeilichen Prüfungsverfahrens. Die Mitwirkung der Landesbehörden hat aber nur die Bedeutung einer Begutachtung; für die Rechtmäßigkeit der Planfeststellung ist es unerheblich, ob die Landesbehörden richtig verfahren sind. Als nicht mehr ortsüblich und demgemäß nicht mehr zulässig sind Einwirkungen anzusehen, die zu einer Zerstörung oder einer der Zerstörung nahekommenden Beeinträchtigung solcher wirtschaftlicher Lebensbedingungen des Nachbarn führen, wie dieser sie sonst in der allgemeinen örtlichen Beschaffenheit findet. Das wäre etwa der Fall, wenn bei einem in einer üblichen Wohngegend zu Wohnzwecken errichtetem Haus eine Ausnutzbarkeit in dieser Art durch Geräusche oder Erschütterungen beseitigt oder wenn das Haus der Standfestigkeit beraubt würde. Alsdann könnte die Berücksichtigung der Daseinsberechtigung beider Teile dazu führen, daß die von der Reichsautobahn ausgehenden Einwirkungen, auch wenn sie nur durch einen regelmäßigen Verkehr verursacht würden, doch wegen ihrer ausnahmsweise starken Wirkung nicht mehr als vollberechtigt anzusehen wären, und daß ein gewisser Teil des Schadens dem Autobahnunternehmen in Gestalt einer nach Billigkeit zu bemessenden Entschädigung zur Last fiele. Dieser Gedanke stellt aber eine erweiterte Auslegung des § 906 BGB. dar und kann nur in Ausnahmefällen Platz greifen. Für die Regel hat es dabei zu bleiben, daß Einwirkungen, die von der

Reichsautobahn als Folgen regelmäßigen laufenden Verkehrs ausgehen, von den Anliegern ohne Entschädigung hinzunehmen sind. Es würde eine unerträgliche Hemmung der Verkehrsentwicklung bedeuten, wenn man eine solche fortschrittliche Neuerung, die für das Volksganze geboten ist, mit von vornherein unabsehbaren Schadenersatzansprüchen belasten wollte. (V, 9. Januar 1939.) Amtl. Sammlg. S. 129—141.

Vgl. Bd. 44 S. 225; Bd. 57 S. 224; Bd. 59 S. 70; Bd. 62 S. 131; Bd. 70 S. 150; Bd. 73 S. 270; Bd. 101 S. 105; Bd. 122 S. 137; Bd. 133 S. 152; Bd. 134 S. 231; Bd. 139 S. 31, 136, 144; Bd. 145 S. 107; Bd. 147 S. 183; Bd. 154 S. 161; Bd. 155 S. 156, 319; JW. 1910 S. 619; 1938 S. 2969.

23. Katecheten. Versicherungspflicht. Geschäftsbesorgung. Rechtsweg. (RVO. § 1459; AngVersG. § 194; GVG. § 13.) An den bayerischen Volksschulen wird der Religionsunterricht zum Teil durch besondere, von den Religionsgesellschaften zur Verfügung gestellte Religionslehrer (Katecheten) erteilt. Diese erhalten Bezüge aus Staatsmitteln, sind aber keine Staatsbeamte. Die Übernahme der Ruhestands- und Hinterbliebenenversorgung wurde vom Lande Bayern abgelehnt. Die evangelisch-lutherische Landeskirche vereinbarte eine entsprechende Versorgungsregelung mit dem bayerischen Versorgungsverband und zahlte an diesen die erforderlichen Beiträge für die Katecheten. Das Landesversicherungsamt erklärte sie demgemäß für versicherungsfrei hinsichtlich der Angestelltenversicherung. Später kam die Landeskirche zu der Auffassung, daß der Staat zur Zahlung der Beiträge verpflichtet sei; sie zahlte die Beiträge aber weiter, um Nachteile von den Katecheten fernzuhalten. Im Jahr 1933 erhob sie Klage gegen das Land Bayern auf Ersatz der unter dem Gesichtspunkt der Geschäftsführung ohne Auftrag gemachten Aufwendungen. Das Berufungsgericht erklärte den Anspruch für gerechtfertigt. Das Reichsgericht wies die Klage ab. In älteren Entscheidungen hat das Reichsgericht allerdings anerkannt, daß eine Person des öffentlichen Rechts, die für eine andere Person des öffentlichen Rechts deren öffentlich-rechtliche Geschäfte besorgt hat, einen ihr zustehenden Anspruch auf Ersatz von Aufwendungen im ordentlichen Rechtswege geltend machen kann. Dieser Grundsatz ist aber keinesfalls unterschiedslos auf alle Gebiete zu erstrecken; vielmehr ist im Einzelfalle die besondere gesetzliche Regelung zu beachten. Im vorliegenden Rechtsstreit war der Anspruch nicht auf eine besondere Verpflichtung vertraglicher oder auch gesetzlicher Art gestützt, die dem Staat über die Bezahlung während der Dienstjahre hinaus für die weitere Versorgung der Katecheten irgendwelche Leistungen aufgebürdet hätte; die Klagegrundlage bildete vielmehr allein die angebliche gesetzliche Verpflichtung des Staates zur Leistung von Versicherungsbeiträgen zur Angestelltenversicherung für die Katecheten. Diese Verpflichtung ist bestritten. Sie gehört, wie das ganze Gebiet der sozialen Versicherung, dem öffentlichen Recht an. Für Streitigkeiten über sie ist der Rechtsweg verschlossen; sie sind durch die Versicherungsbehörden zu entscheiden. Das gilt insbesondere für die Frage, wer Beiträge für die Versicherung zu leisten hat, wer der richtige Arbeitgeber ist und wer demgemäß die Anteile des Arbeitgebers zu entrichten hat. (IV, 9. Januar 1939.) Amtl. Sammlg. S. 141—147. Vgl. Bd. 108 S. 391; Bd. 133 S. 244; Bd. 137 S. 133; Bd. 154 S. 176; JW. 1923 S. 78.

24. Haftpflichtversicherung. Kraftfahrzeuganhänger. (VersVertrG. § 149.) Ein Fuhrunternehmer, der mit zwei Zugmaschinen und zwei Anhängern sein Unternehmen betrieb, nahm für die beiden Zugmaschinen bei zwei verschiedenen Gesellschaften Versicherung gegen Haftpflicht, für die beiden Anhänger bei der zweiten Versicherungsgesellschaft für den Fall, daß sie sich in abgehängtem Zustand befanden. An einem Abend hatte er mit der bei der ersten Gesellschaft versicherten Zugmaschine Steine geliefert und wollte nach Anbruch der Dunkelheit zurückkehren. Die Zugmaschine hatte schon gewendet; während seine Arbeiter dabei waren, den abgehängten Anhänger gleichfalls umzudrehen, fuhr ein Motorradfahrer, durch das Fernlicht der Zugmaschine geblendet, auf den Anhänger auf und wurde tödlich verletzt. Der von den Erben auf Schadenersatz in Anspruch genommene Fuhrunternehmer klagte gegen die zweite Versicherungsgesellschaft auf Feststellung ihrer Pflicht zur Gewährung des Versicherungsschutzes. Das Berufungsgericht gab der Klage statt. Das Reichsgericht verwies die Sache zurück. Nach den maßgebenden Versicherungsbedingungen wurde für Anhänger, die mit dem Kraftfahrzeug verbunden waren, eine besondere Haftpflichtversicherungsprämie nicht erhoben; für die Zeit, da sie nicht mit einem Kraftfahrzeug verbunden waren, konnte die Versicherung durch einen Zuschlag begründet werden. In einem Nachtrag zu dem Versicherungsschein war gesagt, daß für die beiden Anhänger auch Versicherungsschutz bestehe, wenn sie sich in abgehängtem Zustand befanden. Der Nachtrag war nur als Bestandteil des ganzen Versicherungsvertrags, nicht als eine von den gedruckten Vertragsbedingungen abweichende Regelung anzusehen. Die Auffassung des Berufungsgerichts, daß die bloße mechanische Trennung des Anhängers von einem beliebigen Triebwagen die Versicherung in Lauf setze, beachtete nicht, daß der Betriebsvorgang, bei dem sich der Unfall zutrug, verkehrsmäßig einheitlich und als Ganzes zu würdigen war. An der Tatsache, daß es sich um einen einheitlichen Lastzug handelte, wurde durch eine vorübergehende Ablösung des Anhängers von der Zugmaschine nichts geändert. Danach fiel aber der Unfall überhaupt nicht unter die vom Kläger bei der Beklagten genommene Haftpflichtversicherung, da die Zugmaschine, mit der die Beförderung ausgeführt worden war, nicht bei der Beklagten versichert war. An diesem Ergebnis hätte kein Zweifel bestehen können, wenn die Kehrtwendung des Lastzuges ohne Ablösung des Anhängers ausgeführt worden wäre. Die bloße Tatsache der Ablösung auf kurze Frist konnte vernünftigerweise nicht dazu führen, daß während dieser Frist eine für den Lastzug während der übrigen Dauer der Beförderung nicht bestehende Versicherungspflicht der beklagten Gesellschaft Geltung gewonnen hätte. (VII, 13. Januar 1939.) Amtl. Sammlg. S. 147—151.

25. Pachtvertrag. Siedlungsrecht. Rechtsweg. (BGB. §§ 325, 571, 581, 826; RSiedlErgG. vom 4. Januar 1935, § 7.) Im Jahr 1919 war ein Pachtvertrag auf 24 Jahre abgeschlossen worden. Im Jahr 1935 verkaufte der Verpächter das Gut an eine Siedlungsgesellschaft. Diese machte von ihrem gesetzlichen Kündigungsrecht Gebrauch. Sie zahlte dem Pächter eine Entschädigung. Dieser war damit nicht zufrieden und klagte gegen den Verpächter auf Schadenersatz. In allen Rechtszügen wurde die Klage abgewiesen. Für die von der Siedlungsbehörde festzusetzende Entschädigung ist der Rechtsweg ausgeschlossen; für weitergehende Forderungen des Pächters gegen den Verpächter steht er offen, da diese entweder auf Vertrag oder unerlaubte Handlung gestützt sind, also eine rein bürgerlich-rechtliche Grundlage haben. Der Verkauf des Pachtgutes hatte zur Folge, daß die Erwerberin an Stelle des Verpächters in die Rechte und Pflichten aus dem Pachtverhältnis eintrat und daß der bisherige Verpächter nur wie ein Bürge für den von der Erwerberin zu ersetzenden Schaden haftete, wenn diese die Verpflichtungen nicht erfüllte. Diese Regelung geht allerdings davon aus, daß die Verpflichtungen des Erwerbers die gleichen sind wie jene des Veräußerers. Für den Fall, daß bei einem Erwerb im Wege der Zwangsversteigerung der Erwerber einen Mietvertrag früher kündigt, als vertragsmäßig möglich gewesen wäre, hat das Reichsgericht die Entschädigungspflicht des bisherigen Eigentümers bejaht. Daraus war als Grundsatz zu entnehmen, daß § 571 BGB. nach Wortlaut und Zweck eine Haftung des früheren Vermieters oder Verpächters über das Maß der Vertragspflichten, wie sie sich beim Erwerber des Grundstücks gestalten, nicht ausschließt. Das hier in Frage stehende Kündigungsrecht war aber dem Kündigungsrecht, das dem Erwerber im Wege der Zwangsversteigerung eingeräumt ist, nicht gleichzustellen. Das besondere Kündigungsrecht bei der Zwangsversteigerung dient dem Ziel, zugunsten der an der Versteigerung beteiligten Personen, auch des Vollstreckungsschuldners, einen höheren Erlös zu erzielen; das Kündigungsrecht des Siedlungsunternehmens hat dagegen den Zweck, das zur Siedlung erworbene Land möglichst schnell der Siedlung nutzbar machen zu können. Damit bildet dieses Kündigungsrecht eine der Maßnahmen, mit denen die zum Wohl des deutschen Volkes notwendige Siedlung gefördert werden soll. Es hat keine Begünstigung des Veräußerers zum Ziel. Müßte dieser mit Entschädigungsforderungen rechnen, so müßte er den Preis für das Grundstück höher ansetzen. Daraus folgt, daß der Pächter wegen der ihn treffenden Folgen einer vorzeitigen Kündigung auf die Ersatzleistungen des Siedlungsunternehmens beschränkt sein soll und daneben keine Haftung des Verpächters wegen des vorzeitigen Pachtendes geltend gemacht werden kann. Aus welchem Grunde sich der Eigentümer zur Abgabe des Landes entschließt, ist gleichgültig; es geht nicht an, Unterscheidungen in das Gesetz hineinzutragen, die darin nicht ausgedrückt sind und seinem Zweck hinderlich wären. Ohne Hinzutreten besonderer Umstände kann auch eine freiwillige Veräußerung von Land zu Siedlungszwecken nicht gegen die guten Sitten verstoßen. (IV, 19. Januar 1939.)

Amtl. Sammlg. S. 151—157.
Vgl. Bd. 63 S. 66.

26. Ehescheidung. Unterhaltsabkommen. Gute Sitten. (BGB. §§ 134, 138; EheG. § 80.) Eheleute, die seit dem Jahr 1932 getrennt lebten, verhandelten seit dem Sommer 1933 über Scheidung der Ehe. Im Jahr 1934 erhob der Ehemann Scheidungsklage wegen Ehebruch der Frau. Während des Verfahrens schlossen die Eheleute drei Verträge: einen Unterhaltsvertrag, durch den sich der Ehemann zur Zahlung einer monatlichen Unterhaltsrente bis zum Tode der Frau, auch für den Fall einer etwaigen Wiederverheiratung, verpflichtete; ein Schuldanerkenntnis mit Hypothekbestellung über 10000 RM.; einen Erbvertrag, durch den der Ehemann für den Fall seines Ablebens der Frau 10000 RM. vermachte. Die Scheidungsklage wurde daraufhin in der Weise geändert, daß sie nicht mehr auf Ehebruch, sondern nur auf Verweigerung des ehelichen Verkehrs gestützt wurde. Die Frau ihrerseits erhob Widerklage wegen ehewidriger Beziehungen des Mannes; von der Möglichkeit, die Widerklage auf ein ehebrecherisches Verhältnis des Mannes zu stützen, machte sie keinen Gebrauch. Die Ehe wurde wegen beiderseitigen Verschuldens geschieden. Die Parteien verzichteten auf Rechtsmittel. Noch im gleichen Jahr schlossen beide neue Ehen. Im Oktober 1937 stellte der Ehemann die Weiterzahlung der zugesicherten Unterhaltsrente ein. Die Frau erhob Klage auf Weiterzahlung; der Ehemann verlangte mit Widerklage die Verurteilung der Frau zur Löschung der Hypothek und Feststellung der Nichtigkeit des Erbvertrags. In zwei Rechtszügen wurde die Klage abgewiesen und der Widerklage stattgegeben. Das Reichsgericht verwies die Sache zurück. Auf die Verträge waren die Vorschriften des § 80 des am 1. August 1938 in Kraft getretenen Ehegesetzes anzuwenden. Diese Vorschrift ist als eine maßgebliche Auslegung (authentische Interpretation) der Grundsätze aufzufassen, welche die bisherige Rechtsprechung über Unterhaltsvereinbarungen zwischen Ehegatten für die Zeit nach der Scheidung der Ehe entwickelt hat. Das Berufungsgericht hatte die Verträge für nichtig angesehen, weil sich die Klägerin erst durch die ihr gegebenen geldlichen Zusicherungen zur Einwilligung in die Scheidung und zu einem entsprechenden Verhalten im Scheidungsverfahren, insbesondere auch zur Erhebung der Widerklage auf Scheidung entschlossen habe. Die bisherige Rechtsprechung des Reichsgerichts über die Unterhaltsverträge für den Fall der Ehescheidung unterschieden zwei Gruppen solcher Verträge. Wenn beim Vertragsschluß in Wirklichkeit keine Scheidungsgründe vorhanden waren und der Vertrag dahin ging, einen nur vorgetäuschten oder erst zu diesem Zweck zu beschaffenden Scheidungsgrund geltend zu machen, wurde Nichtigkeit wegen Verstoß gegen den Grundsatz des Eheschutzes angenommen (§ 134 BGB.). Wenn ein Scheidungsgrund vorhanden war, wurden die Unterhaltsverträge regelmäßig als wirksam angesehen; nur wenn der Scheidungsberechtigte erst durch den Vertrag zur Erhebung der Scheidungsklage bestimmt wurde, galt der Vertrag regelmäßig als nichtig (§ 138 BGB.). Nach dem neuen Recht sind die Verträge als rechtswirksam anzusehen, es sei denn, daß sie dahin gehen, nicht oder nicht mehr bestehende Scheidungsgründe geltend zu machen, oder daß sie den guten Sitten widersprechen. Hier kam nur die zweite Ausnahme in Frage; das Gericht hatte also zu prüfen, ob die Verträge dem Anstandsgefühl aller billig und gerecht Denkenden zuwiderliefen. Von der Erwägung, ob die Verträge der Aufrechterhaltung der Ehe abträglich waren oder nicht, durfte sich das Gericht nicht beeinflussen lassen. Den guten Sitten widerspricht es nicht, wenn ein Ehegatte, dem ein Scheidungsgrund zur Seite steht, den Entschluß zur Scheidung erst faßt, wenn er durch vertragsmäßige Übernahme bindender Unterhaltsverpflichtungen des anderen Ehegatten sich als hinreichend gesichert ansieht. Einwendungen gegen solche Verträge können nur unter ganz besonderen Umständen erhoben werden, für deren Vorliegen den Gegner die Beweislast trifft. Hienach waren die Verträge als rechtswirksam anzusehen. Ein grobes Mißverhältnis zwischen den zugesicherten Leistungen und der Vermögenslage des Ehemanns lag nicht vor. Es kam hienach nicht darauf an, welcher gesetzliche Unterhaltsanspruch der Frau im Falle der Scheidung zustand, sondern darauf, in welcher Höhe die Klägerin anständigerweise geldliche Sicherstellung dafür verlangen konnte, daß sie ihre wirtschaftlich gesicherte Stellung als verheiratete, wenn auch getrennt lebende Frau eines gut verdienenden Mannes aufgab, um diesem die Heirat mit einer anderen Frau zu ermöglichen. Zu prüfen war aber, ob die Frau beim Abschluß der Verträge schon einen Heiratsantrag ihres nachherigen Ehemanns angenommen hatte und durch die Verträge eine wirtschaftliche Grundlage für die neue Ehe sichern wollte. Das Berufungsgericht hatte auch betont, daß die Frau dem Vorwurf, sie habe sich der ehelichen Pflicht entzogen, leicht durch den Hinweis auf das ehebrecherische Verhältnis ihres Mannes hätte begegnen können. Das Reichsgericht ließ dahingestellt, ob damit festgestellt werden sollte, daß im Scheidungsprozeß bewußt ein nicht bestehender Scheidungsgrund geltend gemacht worden sei. Scheidungsreif war die Ehe schon wegen des jahrelangen ehebrecherischen Verhältnisses des Mannes. Die Gültigkeit der Vereinbarungen über die Sicherstellung der Frau konnte nicht davon abhängig sein, ob das Scheidungsgericht hier mit Recht auch die Scheidungsklage des Mannes für begründet angesehen hatte. (IV, 23. Januar 1939.) Amtl. Sammlg. S. 158—167.

27. Ehelichkeitsanfechtung. Gerichtsstand. Verweisung. Anwendung ausländischen Rechts. (FamRÄndG. Art. 2 § 8;

BGB. § 11; EGzBGB. Art. 18, 19; ZPO. § 276.) Österreichische Eheleute wohnten bis zum 14. Mai 1934 in Deutschland. Am 14. Mai 1934 wurde der Ehemann ausgewiesen und nahm seinen Wohnsitz in Kärnten, während seine Frau in Deutschland blieb. Am 21. Februar 1937 brachte die Frau ein Kind zur Welt. Der Ehemann erhielt davon Ende Juli 1937 Kenntnis. Im Dezember 1937 erhob er gegen das Kind bei dem Landgericht, in dessen Bezirk das Kind mit seiner Mutter wohnte, Klage auf Anfechtung der Ehelichkeit. Das Landgericht wies die Klage ab, weil die dreimonatige Frist des österreichischen Rechts nicht eingehalten sei; das Berufungsgericht erklärte das angerufene Gericht für unzuständig. Die Revision hatte keinen Erfolg. Zuständig für die Anfechtungsklage ist das Gericht, in dessen Bezirk das zu verklagende Kind seinen allgemeinen Gerichtsstand hat. Der allgemeine Gerichtsstand des Kindes wird durch dessen Wohnsitz bestimmt. Die Frage, wo das Kind seinen Wohnsitz hatte, war vom Berufungsgericht nach deutschem Recht entschieden worden. Das erklärte das Reichsgericht für rechtsirrig. Entscheidend für die Frage, ob und wie der Wohnsitz eines minderjährigen Kindes durch das Rechtsverhältnis zwischen seinen Eltern bestimmt wird, ist das für dieses Rechtsverhältnis maßgebende Recht, also das Heimatrecht des Vaters. Nach österreichischem Recht teilt das Kind den Wohnsitz des Vaters, auch wenn es an einem anderen Orte seinen Aufenthalt hat. Auch mit Zustimmung des Vaters kann das Kind keinen anderen Wohnsitz begründen. Nach § 8 FamRÄndG. ist allerdings, wenn der Vater Ausländer, die Mutter aber Deutsche ist, die Anfechtung der Ehelichkeit nach deutschem Recht zu beurteilen und ist für die Anfechtungsklage ein besonderer Gerichtsstand an dem Wohnsitz oder Aufenthaltsort der Mutter begründet. Das gilt aber nicht, wenn zurzeit der Erhebung der Anfechtungsklage beide Eltern Ausländer waren. Durch die Wiedervereinigung Österreichs mit dem Deutschen Reiche wurden beide Eltern Deutsche; nun traf der besondere Gerichtsstand aus diesem Grunde nicht mehr zu. Die vom Kläger beantragte Verweisung des Rechtsstreits an das in Betracht kommende österreichische Gericht hatte das Berufungsgericht mit Recht abgelehnt, da die Verweisungsmöglichkeit auf den Geltungsbereich der deutschen Zivilprozeßordnung beschränkt ist. (IV, 12. Januar 1939.) Amtl. Sammlg. S. 167—173.

28. **Urkundenprozeß. Vorbehaltsurteil. Nachverfahren. Rechtskraft.** (ZPO. §§ 599, 600.) Der Bürgermeister einer Stadt in Sachsen legte im Jahr 1924 sein Amt auf Verlangen der

Stadtverordneten nieder. Er erhielt eine Zeitlang sein volles Diensteinkommen, von da an ein Ruhegehalt von 73%. Seit dem Sommer 1932 wurde er im Staatsdienst angestellt. Durch Vertrag mit der Stadt wurde ihm von da an eine monatliche Entschädigung von 150 RM. für die Dauer seines Verbleibens in der neuen Stelle zugesichert. Seit dem Sommer 1937 wurden diese Zahlungen eingestellt. Im Urkundenprozeß wurde ein Teil der rückständigen Leistungen eingeklagt. Durch Urteil vom 20. Oktober 1936 wurde die Stadt unter Vorbehalt der Ausführung ihrer Rechte im ordentlichen Verfahren nach dem Klagantrag verurteilt. Dieses Urteil wurde nicht angefochten. Im ordentlichen Verfahren hielt das Landgericht durch Urteil vom 8. Dezember 1936 das frühere Urteil unter Wegfall des Vorbehalts aufrecht. Das Berufungsgericht änderte es zu Ungunsten des Klägers ab. Das Reichsgericht stellte das Urteil des Landgerichts wieder her. Vorbehaltsurteile des Urkundenprozesses sind für die weitere Beurteilung des streitigen Rechtsverhältnisses insoweit bindend, als die in ihnen getroffene Entscheidung nicht gerade auf der eigentümlichen Beschränkung des Urkundenprozesses beruht. Daß das Urteil vom 20. Oktober 1936 nicht angefochten wurde, hatte zwar nicht seine materielle Rechtskraft zur Folge, da Vorbehaltsurteile als bloße Zwischenentscheidungen einer solchen nicht fähig sind; wohl aber konnten die Teile des Streitverhältnisses, die in dem Vorbehaltsurteil, damit es überhaupt erlassen werden konnte, endgültig beschieden werden mußten, selbst wenn sie in diesem nicht ausdrücklich behandelt worden waren, im Nachverfahren nicht weiter in Frage gestellt werden. Das traf zunächst für die Frage der Zulässigkeit des Rechtswegs zu, ferner für die Frage, ob das Abkommen vom Jahr 1932 die gesetzlichen Erfordernisse erfüllte. Diese Fragen hatte der Richter zu prüfen; ehe er das Vorbehaltsurteil erließ. Wenn die beklagte Stadt mit seiner Entscheidung nicht einverstanden war, mußte sie gegen das Vorbehaltsurteil Berufung einlegen. Das Berufungsgericht hatte seine Entscheidung auf Vorschriften des Gesetzes über Änderungen des Beamtenrechts vom 30. Juni 1933 und der auf Grund dieses Gesetzes ergangenen sächsischen Verordnung vom 30. August 1933 gestützt. Diese Vorschriften galten schon zur Zeit der Erlassung des Vorbehaltsurteils und waren vom Richter von Amts wegen zu berücksichtigen. Unerheblich war dabei, ob der Richter die Vorschriften in den Kreis seiner Betrachtung zog, ja, ob er den Anspruch überhaupt als einen öffentlich-rechtlichen, aus dem früheren Beamtenverhältnis des Klägers fließenden erkannte. Wenn der Richter das anzuwendende Recht in seiner Vollständigkeit übersah, konnte er zu der im Vorbehaltsurteil getroffenen Entscheidung nur gelangen, wenn er die Anwendung der Vorschriften aus irgendeinem Grunde verneinte, sei es, daß er den Anspruch des Klägers als einen bürgerlichrechtlichen ansah, sei es, daß nach seiner Auffassung die Anwendung der Vorschriften aus anderem Grunde zu unterbleiben hatte. Daß die beklagte Stadt sich auf diese Vorschriften nicht berufen hatte, machte nichts aus; ihre Geltendmachung im Nachverfahren stellte nur den Hinweis auf rechtliche Gesichtspunkte dar, die der Richter vor seiner Entscheidung ohnehin hätte beachten müssen, nicht aber die Geltendmachung neuer Tatsachen. Die mit dem Nachverfahren befaßten Gerichte konnten also nicht mehr in eine Prüfung der Frage eintreten, ob der Anspruch des Klägers durch das Gesetz zur Änderung des Beamtenrechts beeinflußt worden war. (III, 13. Januar 1939.) Amtl. Sammlg. S. 173—180.

Vgl. Bd. 47 S. 186; Bd. 62 S. 93.

29. Ehescheidung. Verziehene Verfehlung. (EheG. §§ 57, 59, 60.) Die Scheidungsklage einer Frau wurde vor allem darauf gestützt, daß ihr Ehemann sie am 10. November 1937 geschimpft und mißhandelt habe; zur Unterstützung waren eine Reihe früherer Eheverfehlungen des Beklagten herangezogen. Der Beklagte berief sich darauf, daß diese Verfehlungen, soweit sie vor dem 7. November 1937 lagen, verziehen worden seien. In allen Rechtszügen wurde der Klage stattgegeben. Der letzte eheliche Verkehr der Parteien hatte am 7. November 1937 stattgefunden; damit waren frühere Verfehlungen verziehen. Wenn § 59 EheG. sagt, daß Eheverfehlungen, auf die eine Scheidungsklage nicht mehr gestützt werden kann, nach Ablauf der Frist des § 57 unterstützend herangezogen werden können, scheint das dafür zu sprechen, daß die Vorschrift sich nur auf die Fälle des Ausschlusses des Scheidungsrechts durch Fristablauf beziehen soll. Die bisherige Rechtsprechung ging aber dahin, daß auch die verziehenen Tatsachen zur Unterstützung einer auf andere Tatsachen gestützten Scheidungsklage herangezogen werden konnten. An diesem Rechtszustand sollte durch das neue Gesetz, wie dessen Begründung zeigt, nichts geändert werden. Dafür spricht auch § 60 EheG., wonach eine Mitschuld des Klägers auf Antrag des Beklagten auch dann auszusprechen ist, wenn der Beklagte das Recht, Scheidung zu verlangen, aus irgendeinem Grunde schon verloren hatte. (IV, 26. Januar 1939.)

Amtl. Sammlg. S. 180—183.

30. Eheanfechtung. Eheaufhebung. Ehescheidung. (BGB. § 1333; EheG. §§ 37, 93.) Wegen ehewidrigen Verhaltens der Frau wurde auf Scheidung geklagt. Das Landgericht wies die Klage ab. Im Berufungsverfahren focht der Kläger die Ehe an mit der Begründung, daß die Frau vor der Ehe ein uneheliches Kind geboren habe; hilfsweise hielt er den Antrag auf Scheidung der Ehe aufrecht. Die Beklagte schloß sich der Berufung an und beantragte Scheidung der Ehe wegen Ehebruchs des Klägers. Das Berufungsgericht gab der Anfechtungsklage statt. Das Reichsgericht verwies die Sache zurück. Daß die Beklagte vor der Ehe ein Kind geboren hatte, stand fest; ob ihre Behauptung, daß das Kind gestorben sei, der Wahrheit entsprach, war nicht untersucht worden. Ob diese Tatsache für eine Anfechtung der Ehe ausgereicht hätte, ließ das Reichsgericht dahingestellt; für die an die Stelle der Anfechtungsklage getretene Eheaufhebungsklage genügte sie nicht. Die seit 17 Jahren bestehende Ehe der Parteien war 14 Jahre lang ohne erhebliche Reibungen verlaufen; es war auch ein Kind aus ihr hervorgegangen. Das voreheliche Kind war nie in Erscheinung getreten; der Kläger hatte von seinem Vorhandensein erst während des Rechtsstreits erfahren, also zu einer Zeit, da die Ehe aus anderen Gründen schon zerrüttet war. Dafür, daß das Kind, auch wenn es noch lebte, irgendwie zu einer Störung der Ehe führen konnte, fehlte jeder Anhalt. Es liegt im Sinne des neuen Rechts, daß sich ein Ehegatte auf einen Aufhebungsgrund nicht soll berufen können, der im Laufe einer langjährigen Ehe seine Bedeutung verloren hat und in keiner Weise ungünstig auf die Gestaltung der Ehe eingewirkt hat und einwirken wird. Die Scheidungsklage hatte das Berufungsgericht, da es die Ehe für nichtig erklärte, unentschieden gelassen. Zu ihrer Prüfung wurde die Sache zurückverwiesen. (IV, 2. Februar 1939.) Amtl. Sammlg. S. 183, 186.

31. Ehescheidung. Verpflichtung zur Klagezurücknahme. Arglist. (ZPO. § 271.) Die Scheidungsklage der Frau drang vor dem Landgericht durch. Die Frau legte Berufung ein und bat, das Verfahren auszusetzen, da eine Aussöhnung möglich sei und diese zur Zurücknahme der Klage führen werde. Das Verfahren wurde auf 6 Monate ausgesetzt. Da die Klage nicht zurückgenommen wurde, legte der Beklagte Anschlußberufung ein mit dem Antrag, die Klage abzuweisen und die Klägerin zur Wiederherstellung der ehelichen Gemeinschaft zu verurteilen. Er behauptete, zwischen ihm und seiner Frau sei eine Vereinbarung getroffen worden, daß die Scheidungsklage nach Aussöhnung zurückgenommen werde; diese Aussöhnung habe stattgefunden. Daraufhin nahm die Klägerin ihre Berufung gegen das Scheidungsurteil zurück. Der Beklagte widersprach der Zurücknahme der Berufung und stellte in der Verhandlung den Antrag, die Scheidungsklage für erledigt durch Zurücknahme zu erklären. Das Berufungsgericht gab diesem Antrage statt, verwarf aber die Anschlußberufung des Beklagten als unzulässig. Die Klägerin legte Revision ein mit dem Antrag, das Berufungsurteil aufzuheben und ihre Berufung als unzulässig zu verwerfen. Der Beklagte schloß sich der Revision an und beantragte, das Berufungsurteil aufzuheben, soweit seine Anschlußberufung als unzulässig verworfen worden war. Das Reichsgericht verwies die Sache zurück. Das Berufungsgericht hatte angenommen, daß die Berufungseinlegung der Klägerin, nachdem sie im ersten Rechtszug vollkommen obgesiegt hatte, keinen anderen Sinn haben konnte als den, daß ihre Scheidungsklage zwecks Aufrechterhaltung der Ehe zurückgenommen werde. Die Folge sei, daß der Rechtsstreit als nicht anhängig geworden anzusehen sei; das landgerichtliche Urteil sei damit hinfällig geworden und für eine weitere richterliche Tätigkeit sei kein Raum. Aus diesem Grunde habe es auch keiner Berufungsbegründung der Klägerin mehr bedurft und ihre Berufung habe nicht wegen fehlender Begründung als unzulässig verworfen werden können. Die spätere Berufungszurücknahme der Klägerin sei unbeachtlich; sie habe der Abrede der Parteien, daß die Klägerin Berufung zwecks Aufrechterhaltung der Ehe einlegen solle, widersprochen und sei daher unzulässig gewesen. Das Reichsgericht erklärte die Umdeutung der Berufungseinlegung in eine Zurücknahme der Klage für rechtlich unmöglich. Eine Vereinbarung zwischen den Parteien eines Rechtsstreits, durch welche die Klagepartei die Zurücknahme der Klage verspricht, kann mit verpflichtender Wirkung abgeschlossen werden; sie kann aber die ausdrückliche Zurücknahme der Klage nicht ersetzen. Durchzuführen ist sie in der Weise, daß die beklagte Partei gegen die Fortsetzung des Rechtsstreits den Einwand der Arglist erheben kann und daß daraufhin die Klage abgewiesen wird. Die Abweisung ist aber nur eine Abweisung angebrachtermaßen wie bei einer mangelhaft erhobenen Klage; sie hindert den Kläger nicht, eine neue Klage zu erheben. Um entscheiden zu können, ob die tatsächlichen Voraussetzungen für eine Abweisung der Klage vorlagen, reichten die Feststellungen des Berufungsurteils nicht aus. Die Klägerin hatte behauptet, daß sie sich zur Zurücknahme der Ehescheidungsklage nur unter der Bedingung einer wirklichen Besserung des Beklagten verpflichtet habe. Das Berufungsgericht hatte zu prüfen, ob das zutraf und ob der Beklagte die Bedingung erfüllt hatte. Es brauchte sich bei seiner Entscheidung nicht durch den Umstand beeinflussen zu lassen, daß die Klägerin ihre Berufung zurückgenommen hatte; diese Handlung verstieß, wenn die Klägerin die Zurücknahme der Klage unter gewissen Bedingungen versprochen hatte und diese Bedingungen erfüllt worden waren, gegen die Vertragspflicht der Klägerin und rechtfertigte die Einrede der Arglist. Auch die Verwerfung der Anschlußberufung des Beklagten war rechtswidrig. Diese war nicht nur zulässig, sondern sogar notwendig, wenn der Beklagte eine Abänderung des gegen ihn ergangenen landgerichtlichen Urteils erstrebte. Die Beseitigung dieses Urteils konnte zwar auch von der siegreichen Klägerin betrieben werden, indem sie Berufung einlegte und dann ihre Klage zurücknahm; wenn sie das aber nicht tat, konnte der Beklagte nur durch Erhebung des Arglisteinwandes die Beseitigung des Scheidungsurteils herbeiführen. Sein Antrag hätte allerdings nicht dahin lauten dürfen, die Klage für erledigt durch Zurücknahme zu erklären, sondern dahin, die Klage durch Prozeßurteil abzuweisen. In der neuen Verhandlung hatte das Berufungsgericht auf richtige Fassung des Antrags hinzuwirken. (IV, 6. Februar 1939.)

Amtl. Sammlg. S. 186—192.

32. Eingemeindungsvertrag. Dienstbarkeit. Auflösung einer Aktiengesellschaft. (BGB. §§ 1018, 1090, 1092; AktG. §§ 203, 205; RG. über die Veräußerung von Dienstbarkeiten vom 13. Dezember 1935; PrLandGemO. für die östlichen Provinzen § 3.) Eine Aktiengesellschaft erwarb in den Jahren 1905 und 1906 zwei Rittergüter zur Gründung einer Landhaussiedlung. Bei Abgabe der einzelnen Baustellen wurden allgemeine Verkaufsbedingungen zugrunde gelegt. Nach ihnen unterwarfen sich die Käufer zugunsten der Aktiengesellschaft gewissen Baubeschränkungen, durch welche die Wesensart der Siedlung als Villenkolonie in landschaftlich schöner Umgebung gesichert werden sollte. Im Jahr 1914 wurden für die das Gebiet der Siedlung umfassenden selbständigen Gutsbezirke durch Ortssatzung und Kreispolizeiverordnung öffentlich-rechtliche Baubeschränkungen vorgeschrieben. Die Verkaufsbedingungen wurden nun dahin gefaßt, daß die Käufer diesen Beschränkungen sowie den von der Aktiengesellschaft festgelegten Beschränkungen, die sich im wesentlichen mit den öffentlich-rechtlichen deckten, unterworfen seien. Im Grundbuch wurden entsprechende Bau- und Nutzungsbeschränkungen unter Hinweis auf die allgemeinen Geschäftsbedingungen der Aktiengesellschaft eingetragen. Im Jahr 1923 wurde aus den beiden Gutsbezirken eine Landgemeinde gebildet. In den vorausgegangenen Verhandlungen war ein Ausstattungsvertrag geschlossen worden, durch den die Aktiengesellschaft versprach, der neuen Landgemeinde verschiedene Grundstücke zu überlassen und ihr alle Rechte aus Privatverträgen, die im allgemeinen öffentlichen Interesse oder im Gesamtinteresse der Siedlung begründet worden waren, abzutreten. Dementsprechend wurde auch der Auseinandersetzungsbeschluß des Kreisausschusses gefaßt. Die Gemeinde vertrat die Auffassung, daß unter diese Rechte auch die im Grundbuch eingetragenen Rechte der Aktiengesellschaft auf Einhaltung von Baubeschränkungen fielen. Auf ihre Klage stellte das Kammergericht die Pflicht der Aktiengesellschaft zur Überlassung der streitigen Rechte fest und verurteilte die Beklagte, sich jeder Verfügung über diese Rechte zu enthalten, auch über die Eintragung von Baubeschränkungen Auskunft zu erteilen; weitergehende Anträge wurden abgewiesen. Die Revision der Klägerin hatte keinen Erfolg; die Revision der Aktiengesellschaft führte zur Zurückverweisung der Sache. Der Rechtsweg war zulässig. Allerdings war der Inhalt des Vertrags, auf den sich die Klage stützte, vom Kreisausschuß zum Bestandteil seines Auseinandersetzungsbeschlusses gemacht worden; nach diesem Beschluß diente die Bewirkung der von der Beklagten übernommenen Leistungen dem Ausgleich öffentlich-rechtlicher Interessen zwischen der Beklagten als früherer Gutsherrin und der neugeschaffenen Landgemeinde. Damit wurde aber dem Ausstattungsvertrag der eigene Rechtsboden nicht entzogen; er blieb neben dem Staatshoheitsakt der Gemeindebildung als rechtliches Hilfsmittel zu ihrer Durchführung bestehen. Die vertraglich eingegangenen Verpflichtungen der Beklagten zur Abtretung der nach bürgerlichem Recht begründeten und nur nach dessen Maßgabe übertragbaren streitigen Rechte lagen unerachtet des Zusammenhangs mit dem Staatshoheitsakt der Gemeindebildung nicht auf öffentlich-rechtlichem Gebiet. Das an die Bildung der Klägerin sich anschließende verwaltungsmäßige Auseinandersetzungsverfahren hatte mit dem Beschluß des Kreisausschusses sein Ende gefunden. Es handelte sich im vorliegenden Rechtsstreit nicht darum, den Umfang der Auseinandersetzung einschließlich der Ausgleichung mit bindender Wirkung gegenüber den Verwaltungsbehörden abzugrenzen; vielmehr machte die Klägerin Rechte geltend, von denen sie behauptete, sie habe sie durch eine zwecks Auseinandersetzung vertraglich getroffene und vom Kreisausschuß der Auseinandersetzung zugrunde gelegte Vereinbarung erworben. Beide Parteien waren sich darüber einig, daß durch die Vereinbarung die unter ihnen streitige Frage schon geregelt sei, wenn sie auch über die Art der Regelung entgegengesetzte Meinungen vertraten. Auch das Berufungsgericht hatte sich dieser Auffassung angeschlossen und sein Urteil lediglich auf Vertragsauslegung gegründet. Zu solcher Auslegung ist aber keine andere Stelle als das ordentliche Gericht berufen. Nach dem maßgebenden tatsächlichen Klagevorbringen war der Streit der Parteien über die Abtretungspflicht der Beklagten und die Folgen ihrer Verletzung eine bürgerliche Rechtsstreitigkeit; diese war durch keine besondere gesetzliche Vorschrift dem ordentlichen Richter entzogen. Die streitigen Rechte stellten beschränkte persönliche Dienstbarkeiten dar und waren in der Person der Beklagten wirksam entstanden. Aus dem Hineinspielen öffentlicher Interessen an der Einhaltung der Baubeschränkungen war nichts gegen die Wirksamkeit der Begründung herzuleiten. Die Dienstbarkeiten sollten zugunsten der Beklagten eine angemessene, der Planung und den aufgewandten Mitteln entsprechende Verwertung des Siedlungslandes sichern und ihr damit einen wirtschaftlichen Vorteil bieten, an dessen Sicherung sie ein privatrechtliches Interesse hatte. Mit einem solchen Inhalt konnten beschränkte persönliche Dienstbarkeiten zugunsten der Beklagten zweifellos begründet werden; hiefür genügte jeder rechtsschutzwürdige Vorteil, sofern er nur sich zur Verfolgung mit Rechtsbehelfen des Privatrechts eignete. Ob beim Bestehen wesentlich gleicher Baubeschränkungen des öffentlichen Rechts entsprechende privatrechtliche Dienstbarkeiten von vornherein für die Klägerin hätten begründet werden können, blieb unentschieden. Die Klägerin war als öffentlich-rechtliche Persönlichkeit an die Stelle der aufgelösten Gutsbezirke getreten. Damit waren ihr die öffentlichen Rechte und Lasten zugefallen, welche die Beklagte als Gutsherrin bisher zu tragen hatte; dagegen hatte eine Rechtsnachfolge in private Rechte und Schulden kraft Gesetzes nicht stattgefunden. Die in Streit stehenden Dienstbarkeiten gehörten zu den Rechten, welche die Beklagte als Person des Privatrechts erworben hatte; als solche bestand sie auch nach Auflösung der Gutsbezirke fort. Später wurde sie allerdings selbst aufgelöst; aber auch damit gab sie ihr Dasein noch nicht auf, änderte vielmehr nur die Art ihrer Betätigung, indem sie sich fortan nur noch dem Zweck der Abwicklung vermögensrechtlicher Beziehungen widmete. Bis zur Beendigung der Liquidation blieben also die ihr bestellten persönlichen Dienstbarkeiten bestehen. Der Zweck der Klage ging nicht sowohl dahin die ohnehin mit öffentlich-rechtlichen Beziehungen ausgestattete Klägerin in den Genuß dieser Dienstbarkeiten zu versetzen, als vielmehr die Beklagte von deren Handhabung auszuschließen. Die Klägerin konnte Abweichungen von den Baubeschränkungen, die sie im öffentlichen Interesse für geboten erachtete, nicht durchsetzen, solange die Beklagte ihr aus ihren privaten Rechten heraus entgegentreten konnte. Seit dem Jahr 1933 hat sich ein Wandel in der Wertung des Verhältnisses der Einzelperson zu den in Staat und Gemeinde verkörperten Gesamtheiten angebahnt. Dieser Wandel kann den Inhalt alter Verträge nicht ändern; er kann nur deren — auch ergänzende — Auslegung beeinflussen. Nach § 1092 BGB. können beschränkte persönliche Dienstbarkeiten nicht übertragen werden; es kann aber die Ausübung überlassen werden, falls das von dem Verpflichteten gestattet ist. Dieser Grundsatz ist durch das Gesetz vom 13. Dezember 1935 über die Veräußerung von Nießbrauchrechten und beschränkten persönlichen Dienstbarkeiten durchbrochen worden für den Fall, daß ein von einer juristischen Person betriebenes Unternehmen auf einen anderen übertragen wird; das gilt aber nicht, wenn die Übertragung schon vor dem Inkrafttreten des Gesetzes stattgefunden hat. Beim Abschluß des Ausstattungsvertrags (1924) konnte eine Übertragung der Dienstbarkeiten rechtswirksam nicht vereinbart werden. Eine spätere Änderung dieses Rechtszustandes könnte der Nichtigkeit einer Abtretungsvereinbarung nur dann abhelfen, wenn diese Änderung schon bei der Abtretung von den Beteiligten ins Auge gefaßt gewesen wäre. Das war ausgeschlossen. Möglich war die Aufrechterhaltung der nichtigen Vereinbarung als Abrede der Überlassung der Ausübung der Dienstbarkeiten, wenn eine solche Überlassung von den Verpflichteten gestattet war. Das war nicht festgestellt. In den Kaufbedingungen wurden die Käufer verpflichtet, gegebenenfalls für eine kommunale Neugliederung ihrer Wohnbezirke einzutreten; auf die Ausübung privater Rechte der Beklagten durch die neugebildete Gemeinde konnte diese Verpflichtung aber auch dann nicht bezogen werden, wenn diese Rechte zugleich im Gesamtinteresse der Siedlung begründet worden waren. Das Berufungsgericht hatte angenommen, daß die Beklagte verpflichtet sei, die Zustimmung der Verpflichteten zu der Übertragung der Ausübung der Dienstbarkeiten beizuschaffen. Dazu würde aber gehört haben, daß die Vertragschließenden als vernünftig denkende und handelnde Personen bei Kenntnis der Nichtigkeit des Abtretungsvertrags eine Vereinbarung dieses Inhalts getroffen haben würden. Das konnte nicht ohne weiteres angenommen werden. Die Revision der Klägerin war vor allem darauf gestützt, daß das Berufungsgericht hätte prüfen sollen, ob dem Willen der Parteien wie auch der als Dienstbarkeitsverpflichtete beteiligten Grundeigentümer nicht besser durch eine Umgestaltung der Abtretungsvereinbarung dahin hätte entsprochen werden können, daß die für die Beklagte bestehenden Dienstbarkeiten aufgehoben und durch inhaltsgleiche Rechte zugunsten der Klägerin ersetzt würden. Es war aber nicht zu ersehen, wie die Klägerin eine Bestellung inhaltsgleicher Dienstbarkeiten für sich, falls diese angesichts des Bestehens im wesentlichen dasselbe besagender öffentlich-rechtlicher Baubeschränkungen überhaupt rechtlich möglich war, mit dem vorliegenden Rechtsstreit hätte erreichen können. Hiefür bedurfte es des Austausches rechtsgeschäftlicher Willenserklärungen zwischen der Klägerin und den einzelnen Grundeigentümern; dazu brauchte die Beklagte nicht beizutragen. Unberechtigt war auch das Verlangen der Klägerin, falls die Abtretungserklärung im Sinne der Überlassung der Ausübung der Dienstbarkeiten gedeutet würde, das im Grundbuch einzutragen. Die Überlassung der Ausübung einer Dienstbarkeit erschöpft sich in der Begründung der schuldrechtlichen Verpflichtung des Berechtigten, dem anderen Teil die Geltendmachung der Befugnisse zu ermöglichen, die sich aus der Dienstbarkeit gegenüber dem Eigentümer ergeben. Für die Eintragung bloß schuldrechtlicher Beziehungen ist aber im Grundbuch kein Raum. Die Klägerin hatte auch die Geldbeträge für sich in Anspruch genommen, die der Beklagten für den Verzicht auf die Dienstbarkeit in verschiedenen Fällen zugeflossen waren. Aus der Überlassungspflicht konnte sich allerdings — sei es nach § 281 BGB., sei es zufolge eines durch Auslegung zu erkennenden, unmittelbar darauf gerichteten Vertragswillens — die Pflicht zur Herausgabe eines an die Stelle des Rechts getretenen Ersatzes ergeben. Die Auslegung nach Treu und Glauben ergab aber im vorliegenden Falle keinen derartigen Ersatzanspruch. In der Hand der Beklagten bedeutete die Dienstbarkeit für die Klägerin eine Behinderung in der Wahrung öffentlicher Interessen, nicht aber die Vorenthaltung eines der Klägerin gebührenden Vermögenswertes. Ein Ersatzanspruch hätte der Klägerin nur zuerkannt werden können, wenn ohne einen solchen Sinn und Zweck der Überlassungsvereinbarung vereitelt oder beeinträchtigt worden wäre. Davon konnte nach den Feststellungen keine Rede sein. (V, 16. Januar 1939.) Amtl. Sammlg. S. 193—210. Vgl. Bd. 68 S. 370; Bd. 74 S. 78; Bd. 91 S. 94; Bd. 101 S. 5; Bd. 103 S. 384; Bd. 111 S. 384; Bd. 155 S. 370; JW. 1910 S. 801.

33. Firmenfortführung. Vermögensübernahme. Schadenersatz. Schutzgesetz. Beweislast. (HGB. §§ 22, 25, 186, 195, 240, 241, 279, 313, 315; BGB. §§ 419, 823, 826; AktG. §§ 83, 84, 295, 297.) Die Aktiengesellschaft H. und die Gesellschaft mit beschränkter Haftung G. betrieben nebeneinander die Herstellung von Kraftfahrzeugen. Die Gesellschafter der G. m. b. H. waren J. und O. Sie erwarben im Jahr 1929 Aktien der Aktiengesellschaft und wurden zu deren alleinigen Vorstandsmitgliedern bestellt. Im Jahr 1930 wurden die Aktien der Aktiengesellschaft im Verhältnis von 10 zu 1 zusammengelegt; zugleich wurde das Aktienkapital von 540000 RM. auf 3000000 RM. erhöht. Die sämtlichen neuen Aktien wurden vor einem Konsortium übernommen, das von einer Bank vertreten wurde. Diese teilte der Aktiengesellschaft mit, sie habe für sie ein Bardepot von 2460000 RM. errichtet. Nachdem die Kapitalerhöhung zum Handelsregister angemeldet war, wurde das Bardepot zur Begleichung von Schulden der Aktiengesellschaft aus früherer Zeit verwandt. Im Jahr 1931 geriet die Aktiengesellschaft in neue Schwierigkeiten. Im Dezember 1931 veräußerte sie ihren ganzen Grundbesitz an J. und O., ihr übriges Vermögen mit dem Recht der Fortführung der Firma an die G. m. b. H. J. und O. bildeten nun die G. m. b. H. in eine offene Handelsgesellschaft unter der Firma H. und G.-Werke um. Die Aktiengesellschaft nahm die Firma A. B. H. an; ihr Vorstand beantragte im Januar 1932 die Eröffnung des Vergleichsverfahrens. In diesem verzichteten J. und O. auf ihre Gehaltsforderungen; die offene Handelsgesellschaft verpflichtete sich, die Liquidationsmasse durch Bareinzahlung von 160000 RM. zu erhöhen. Auf dieser Grundlage kam am 15. April 1932 der Vergleich zustande. Er wurde vom Gericht bestätigt. Da nachträglich neue Gläubiger auftauchten und die Eingänge hinter den Erwartungen zurückblieben, wurde über das Vermögen der Aktiengesellschaft der Konkurs eröffnet. Er endete damit, daß die bevorrechtigten Forderungen völlig, die übrigen Forderungen mit 22% befriedigt wurden. Ein Aktionär, der Ansprüche von ausgefallenen Gläubigern erworben hatte, erhob gegen die offene Handelsgesellschaft sowie gegen J. und O. Klage auf Schadenersatz. In zwei Rechtszügen wurde die Klage abgewiesen. Das Reichsgericht verwies die Sache zurück. Zur Prüfung kamen nur die abgetretenen Ansprüche der ausgefallenen Gläubiger. Sie waren vor allem auf Vermögensübernahme sowie auf Geschäfts- und Firmenübernahme gestützt (§ 419 BGB., § 25 HGB.). Vermögensübernahme lag nicht vor, da nicht das ganze Vermögen der Aktiengesellschaft H. auf die offene Handelsgesellschaft übergegangen war. Auch von einer Fortführung der Firma konnte nicht die Rede sein, da die Firma H. in die Firma H. und G.-Werke umgewandelt worden war. Die Übernahme des Wortes H. wies aber nicht auf ein Nachfolgeverhältnis hin. Macht der Erwerber eines Unternehmens von dem ihm eingeräumten Recht der Fortführung der bisherigen Firma in der Weise Gebrauch, daß er durch eine Verbindung seiner bisherigen Firma mit der hinzugekommenen eine neue Firma bildet, so hört damit die neuerworbene Firma auf, in ihrer ursprünglichen Gestalt mit dem Geschäft, für das sie ursprünglich bestimmt war, in Verbindung gebracht zu werden. Wer mit einer solchen neugebildeten Firma in Verbindung tritt, kann sich nicht darauf berufen, daß es sich um eine Fortsetzung des früheren Unternehmens handle. Dazu kam noch, daß auch die Firma des übernehmenden Geschäfts in wesentlichen Teilen verändert worden war. Durch ein Rundschreiben, das die Notwendigkeit des Vergleichsverfahrens bekannt gab, waren die Gläubiger der Aktiengesellschaft auch darauf hingewiesen worden, daß die Beklagten deren Verbindlichkeiten nicht übernommen hatten. Die Klage gegen J. und O. war weiter mit Verfehlungen begründet, deren sich diese als Vorstandsmitglieder der Aktiengesellschaft schuldig gemacht hätten. Eine solche Verfehlung wurde darin erblickt, daß die beiden Beklagten bei der Anmeldung der Kapitalerhöhung zum Handelsregister wahrheitswidrig erklärt hätten, der hierauf entfallende Kapitalbetrag sei bar einbezahlt und in ihrem Besitz. Die Zahlung war durch buchmäßigen Ausgleich mit dem zu 100% gerechneten Tilgungswert einer Obligationenanleihe der Aktiengesellschaft geleistet worden, die das gleiche Konsortium hielt; es handelte sich also um eine verschleierte Sacheinlage, die in dem Beschluß über die Kapitalerhöhung hätte festgesetzt werden müssen. Solche verschleierte Sacheinlagen sind auch durch das Gesetz vom 7. März 1935 nicht wirksam gemacht worden, da dieses Gesetz die Vorschriften der §§ 186, 279 HGB. ausdrücklich aufrecht erhielt. Für diese Verfehlung hafteten aber die beiden Beklagten nur der Gesellschaft selbst, nicht auch ihren Gläubigern. Eine Haftung gegenüber den Gläubigern aus dem Gesichtspunkt der unerlaubten Handlung hatte das Berufungsgericht abgelehnt, weil die §§ 195, 241, 313 HGB. keine Schutzgesetze im Sinne des § 823 BGB. seien. Hinsichtlich der §§ 195, 241 HGB. trat das Reichsgericht dieser Auffassung mit der Begründung bei, daß die Vorschrift des § 241 HGB. nicht unmittelbar dem Schutz der Gläubiger der Aktiengesellschaft diene, deren Rechte, und zwar in beschränkender Weise, darin ausdrücklich geregelt seien, und daß § 195 HGB. neben den §§ 241, 313 als selbständiges Schutzgesetz überhaupt nicht in Betracht käme. Dagegen bezweckt die Strafvorschrift des § 313 HGB. zugleich den Schutz der Gläubiger. Ihre Anwendung setzt voraus, daß die Angabe des Vorstands, der Betrag der Kapitalerhöhung sei bar eingezahlt und in seinem Besitz, wissentlich falsch ist. Die Angabe ist wissentlich falsch, wenn der Erklärende alle die Tatsachen kennt, auf Grund deren bei richtiger Beurteilung keine Bareinzahlung oder keine freie Verfügung über das Eingezahlte vorliegt. Eine unrichtige rechtliche Beurteilung des Sachverhalts ist als bloßer Strafrechtsirrtum unbeachtlich. Dieser Sachverhalt lag hier vor. Die Beklagten waren also den Gläubigern verantwortlich, wenn durch ihre unrichtige Erklärung diesen ein Schaden entstanden war. Das hatte das Berufungsgericht verneint, weil auch bei Einzahlung der Kapitalerhöhung deren Wert durch die Obligationenanleihe ausgeglichen worden wäre. Das Reichsgericht erklärte, daß damit der Kern der Sache nicht getroffen wurde. Der Kläger hatte Beweis dafür angeboten, daß die Gläubiger, deren Forderungen ihm abgetreten worden waren, bei Kenntnis der Sachlage ihre Lieferungen nicht ausgeführt hätten. Der ursächliche Zusammenhang zwischen der falschen Erklärung und dem Schaden, den die Gläubiger erlitten haben wollten, setzte aber voraus, daß sie von der Erklärung Kenntnis genommen und im Vertrauen auf ihre Richtigkeit die Kreditlieferungen ausgeführt hatten. Der Kläger hatte aber nicht einmal behauptet, daß die Gläubiger überhaupt von der Kapitalerhöhung wußten und mit der Einzahlung des entsprechenden Betrags rechneten. Für die Frage des ursächlichen Zusammenhangs zwischen der Verfehlung der Beklagten und dem angeblich aus ihr entstandenen Schaden kam es nicht darauf an, wie die Entwicklung für den Fall einer Bareinzahlung gewesen wäre, sondern nur darauf, ob der Schaden auch entstanden wäre, wenn die Beklagten den Sachverhalt bei der Anmeldung wahrheitsgemäß angegeben hätten. Der Anwendung des § 826 BGB. stand schon der Umstand entgegen, daß hier ein etwaiger Rechtsirrtum die Annahme vorsätzlichen, auf den Schadenserfolg abzielenden Handelns ausschließt; daß die Beklagten sich in einem solchen Rechtsirrtum befunden hatten, hielt das Berufungsgericht zum mindesten für nicht widerlegt. Weiter hatte der Kläger seinen Anspruch darauf gestützt, daß die Beklagten auf das erhöhte Kapital die Aktien vor der vollen Leistung des Nennbetrags ausgegeben hätten. Die Frage, ob es sich in einem solchen Falle um eine Schadenersatzpflicht der Vorstandsmitglieder, die einen Schaden der Gesellschaft voraussetzt, oder um eine ohne Rücksicht auf einen Schaden eintretende Ersatzpflicht des Fehlbetrags handelt, ist strittig. Das Reichsgericht entschied, daß ein Schadenersatzanspruch, aber ein solcher besonderer Art, gegeben ist, der einem Anspruch auf Wertersatz für einen entzogenen Gegenstand an die Seite gestellt werden kann. Die besondere Bedeutung der Ansprüche aus § 241 Abs. 3 und 4 HGB. (jetzt § 84 Abs. 3—5 AktG.) liegt darin, daß sie grundsätzlich auf Ersatz des vollen Betrags gehen, welcher der Aktiengesellschaft durch die Verfehlung der Vorstandsmitglieder entzogen oder vorenthalten worden ist. Hiebei wird die Entziehung oder Vorenthaltung ohne weiteres als ursächlich angesehen für den Eintritt eines entsprechenden Schadens. Daraus ergibt sich als erste Folge die Umkehrung der Beweislast wegen einer Schädigung der Aktiengesellschaft. Außerdem können sich die zur Verantwortung gezogenen Vorstandsmitglieder nicht schon damit entlasten, daß sie beweisen, die Verfehlung habe bisher keinen Schaden für die Aktiengesellschaft gehabt; sie müssen vielmehr beweisen, daß eine Schädigung der Aktiengesellschaft als Folge der Pflichtverletzung nicht mehr möglich ist, weil der zu Unrecht verausgabte oder vorenthaltene Betrag oder doch wenigstens ein ihn ausgleichender Wert auf andere Weise endgültig in das Vermögen der Aktiengesellschaft gelangt ist. Im vorliegenden Falle war, wenn man ein Verschulden der Beklagten unterstellte, deren Ersatzpflicht durch die vorzeitige Ausgabe der Aktien vor ordnungsmäßiger Einzahlung der Kapitalerhöhung begründet worden. Der hiedurch etwa entstandene Schaden war endgültig abgeschlossen, weil die Aktiengesellschaft nach beendetem Konkurs nicht mehr bestand. Auf den fehlenden Einlagebetrag von 2400000 RM. waren nachträglich noch 450000 RM. bezahlt worden. Um den Fehlbetrag von 1950000 RM. war aber die Aktiengesellschaft nicht ohne weiteres geschädigt; sie hatte vielmehr in Anrechnung auf den Einlagebetrag ihre Obligationen zum Nennwert von 2400000 RM. zurückerhalten und diese dadurch getilgt. Den Wert, den die Obligationen zur Zeit ihrer Tilgung hatten, mußte sich die Aktiengesellschaft auf ihren Ersatzanspruch gegen die Vorstandsmitglieder anrechnen lassen. Die Höhe dieses Wertes war noch zu prüfen, ebenso, ob die Vorstandsmitglieder an einem etwa festzustellenden Schaden ein Verschulden traf; jedoch hatten, wenn eine Schädigung der Gesellschaft durch die Handlungen der Vorstandsmitglieder nachgewiesen war, diese zu ihrer Entlastung den Beweis zu führen, daß sie ihrer Sorgfaltspflicht genügt hatten. Endlich machte der Kläger den Beklagten zum Vorwurf, daß sie nicht rechtzeitig das Vergleichsverfahren beantragt oder Konkurs angemeldet hätten, und daß sie nach Eintritt der Zahlungsunfähigkeit noch Zahlungen geleistet und bewegliche Vermögensstücke fortgegeben hätten. Das Berufungsgericht hatte auch hier die § 240 Abs. 2 und § 315 Abs. 1 Nr. 2 HGB. nicht als Schutzgesetze im Sinne des § 823 Abs. 2 BGB. anerkannt. Das erklärte das Reichsgericht für rechtsirrig. Wenn die genannten Vorschriften auch nicht zum Schutz beliebiger Dritter dienen, die erst Aktien erwerben oder Waren auf Kredit liefern, so sollen sie doch gerade die schon vorhandenen Aktionäre und Gesellschaftsgläubiger vor weiteren Nachteilen schützen. (II, 30. November 1938.) Amtl. Sammlg. S. 211—234.

Vgl. Bd. 18 S. 65; Bd. 63 S. 325; Bd. 65 S. 178; Bd. 73 S. 30; Bd. 80 S. 110; Bd. 115 S. 296; Bd. 121 S. 103; Bd. 144 S. 138; Bd. 152 S. 368; Bd. 157 S. 217, 227; JW. 1904 S. 43; 1935 S. 3301; 1936 S. 2513; 1938 S. 1653, 2019, 3297.

34. Nachtwächter. Amtspflichtverletzung. Waffengebrauch. Sachbefugnis. Beweislast. Beweisaufnahme. Beweis des ersten Anscheins. (RVerf. Art. 131; BGB. §§ 823, 839; ZPO. §§ 286, 355, 375, 548.) Der Nachtwächter einer Gemeinde gab auf einem Dienstgang auf einen Mann, mit dem er in Streit geraten war, einen Schuß ab; der Mann wurde erheblich verletzt. Die Klage auf Schadenersatz wurde vom Berufungsgericht abgewiesen, weil der Beklagte bei der Abgabe des Schusses als Beamter in Ausübung der ihm anvertrauten öffentlichen Gewalt tätig geworden sei, so daß für sein Handeln die Gemeinde, in deren Dienst er stand, die Haftung zu tragen habe. Das Reichsgericht verwies die Sache zurück. In seiner Eigenschaft als Nachtwächter war der Beklagte zweifellos als Beamter anzusehen, da er als solcher polizeiliche Befugnisse und damit öffentliche Gewalt auszuüben hatte. Es kam also für die Entscheidung über die Sachbefugnis (Passivlegitimation) des Beklagten darauf an, ob er den Schuß in seiner Eigenschaft als Nachtwächter und in Ausübung öffentlicher Gewalt abgegeben hatte. Das Berufungsgericht hatte das bejaht mit der Begründung: wenn ein Beamter mit polizeilichen Befugnissen im Dienst auf einen anderen schieße, spreche der erste Anschein dafür, daß seine Gewaltmaßnahmen in Ausübung öffentlicher Gewalt getroffen seien; daher müsse dem Beamten nachgewiesen werden, daß er bei der Abgabe des Schusses nicht in Ausübung öffentlicher Gewalt gehandelt habe. Das Reichsgericht bemerkte hiezu: War die Abgabe des Schusses durch den Beklagten eine von ihm in amtlicher Eigenschaft vorgenommene Handlung, so handelte er in Ausübung der ihm anvertrauten öffentlichen Gewalt, freilich nicht unter dem Gesichtspunkt des ersten Anscheins, sondern schon deswegen, weil seine Amtshandlungen polizeilicher Natur waren und daher rechtsnotwendig der Durchsetzung der obrigkeitlichen Macht des Staates dienten. Diese rechtliche Folgerung wurde nicht dadurch beeinflußt, daß der Beklagte nach den für die Ausübung seiner amtlichen Tätigkeit ergangenen Weisungen zum Gebrauch von Schußwaffen nicht berechtigt war und daß die Waffe, aus der er den Schuß abgab, keine Dienstwaffe, sondern eine von ihm selbst erworbene, zu seinem persönlichen Schutz bestimmte und auf Grund eines behördlichen Waffenscheins geführte Waffe war. Wesensmäßig ist der Durchsetzung der obrigkeitlichen Macht des Staates die Anwendung von Gewalt nicht fremd und es konnte daher, wenn der Beklagte zur Führung und zum Gebrauch einer Dienstwaffe nicht befugt war, höchstens Amtsmißbrauch durch Überschreitung der ihm übertragenen öffentlichen Befugnisse vorliegen. Amtsmißbrauch begründet aber in jedem Falle eine Amtspflichtverletzung des Beamten, für die sein öffentlich-rechtlicher Dienstherr haften muß. Es genügt allerdings nicht, daß der Beamte die Handlung vornimmt, während er sich im Dienst befindet; er kann auch im Dienst eine dienstfremde Handlung, ein nicht dienstbezügliches Geschäft vornehmen. Das wäre hier der Fall gewesen, wenn der Beklagte aus persönlichen Beweggründen, aus Rache oder wegen eines vorhergegangenen Streites, den Kläger überfallen und verletzt hätte. Das Berufungsgericht hatte die Feststellung, daß der Beklagte in seiner Eigenschaft als Nachtwächter den Schuß zum

Zweck polizeilichen Einschreitens abgegeben habe, anscheinend mit Rücksicht auf die Annahme für überflüssig gehalten, daß der Beklagte in Ausübung der ihm anvertrauten öffentlichen Gewalt gehandelt habe. Diese Annahme griff die Revision mit Recht an, weil das Berufungsgericht dazu in Verkennung der Grundsätze über den Beweis des ersten Anscheins gelangt war. Das Reichsgericht ließ dahingestellt, ob nicht die Anwendung dieser Grundsätze schon daran scheitern mußte, daß sie nur bei typischen Geschehensabläufen rechtlich möglich ist. Jedenfalls war das Berufungsgericht einem Rechtsirrtum insofern unterlegen, als es annahm, der Beweis nach dem ersten Anschein müsse zu einer Umkehrung der Beweislast führen, es müsse daher dem Beklagten nachgewiesen werden, daß er bei Abgabe des Schusses nicht in Ausübung öffentlicher Gewalt gehandelt habe. Gewiß kann ein der allgemeinen Lebenserfahrung entsprechender Geschehensablauf bei der dem Richter obliegenden freien Beweiswürdigung so erheblich ins Gewicht fallen, daß er daraus schon einen solchen Grad von Überzeugung schöpft, als wäre dem Beweispflichtigen der Beweis gelungen. Häufig mag das den Gegner dazu nötigen, diese Überzeugung durch sein Gegenvorbringen zu erschüttern; doch fällt ihm damit noch keineswegs die ihm sonst nicht obliegende Beweislast zu. Nach ständiger Rechtsprechung kann vielmehr der Richter seine Überzeugung auf den Anscheinsbeweis schon dann nicht mehr gründen, wenn der Gegner nur die Möglichkeit eines anderen Hergangs oder Sachverhalts in einer den typischen Geschehensablauf in Zweifel stellenden Weise dartut. Das hatte hier der Kläger getan, indem er behauptete und unter Beweis stellte, der Beklagte habe ihn aus rein persönlichen Gründen, die in keiner Beziehung zu seinen amtlichen Pflichten standen, angegriffen. Hienach mußte das Gericht die sachlich gebotene Aufklärung herbeiführen und durfte, wenn diese nicht möglich war, nicht dem Kläger eine Beweislast auferlegen, die ihm nicht zukam. Nach den allgemeinen Regeln über die Verteilung der Beweislast war der Beklagte beweispflichtig, weil er seine Sachbefugnis in der Weise bestritt, daß er Notwehr behauptete und allein aus diesem Gesichtspunkt die Abgabe des Schusses als Vornahme einer Amtshandlung kennzeichnete; das Vorliegen von Notwehr mußte er aber beweisen, gleichviel, ob es sich um echte oder um irrigerweise angenommene Notwehr handelte. Eine andere Frage war es, ob die Notwehr, wenn sie dargetan wurde, ohne weiteres und zwingend die Handlung des Beklagten als Amtshandlung und Ausübung öffentlicher Gewalt erscheinen ließ. Hiefür wäre darzulegen gewesen, inwiefern der Angriff des Klägers auf den Beklagten und dessen angebliche Notwehrhandlung in innerem Zusammenhang mit seiner Tätigkeit oder doch seinem Amt oder der Dienstausübung stand. Das Reichsgericht betonte, daß bei der Schwierigkeit der hiefür erforderlichen Feststellungen es ganz wesentlich auf die Prüfung der Glaubwürdigkeit der Parteien und der Zeugen und damit auf den aus ihrer persönlichen Haltung und der Art ihrer Sachdarstellung zu gewinnenden persönlichen Eindruck des Gerichts ankommen mußte; trotzdem hatte weder das Landgericht noch das Berufungsgericht die Parteien persönlich gehört, auch die Zeugen nicht selbst vernommen. Ein solches Verfahren widersprach dem das Prozeßrecht heute mehr denn je beherrschenden Grundsatz der Unmittelbarkeit der Beweisaufnahme in jeder Weise. (III, 23. September 1938.) Amtl. Sammlg. S. 235—242.

Vgl. Bd. 88 S. 120; Bd. 104 S. 288; Bd. 142 S. 190; Bd. 149 S. 287; Bd. 154 S. 201; Bd. 158 S. 95.

35. Feuerversicherung. Wissensvertreter. (VersVertrG. §§ 49ff.). Nach dem Brand eines landwirtschaftlichen Anwesens wurde der Schaden durch Sachverständige festgestellt. Der Sohn des Versicherten erteilte im Auftrag seines Vaters diesen die verlangten Auskünfte. Hiebei gab er wahrheitswidrig den Neuwert einer Strohpresse, die als gebraucht um 875 RM. erworben worden war, mit 2250 RM. an. Dementsprechend wurde die Entschädigung bemessen. Nach Entdeckung des Sachverhalts klagte die Versicherungsgesellschaft auf Ersatz ihrer Leistungen. Die Klage drang in allen Rechtszügen durch. Nach den Versicherungsbedingungen wurde die Versicherungsgesellschaft von der Verpflichtung zur Leistung frei, wenn der Versicherte sich bei der Regelung des Schadens einer arglistigen Täuschung schuldig machte. Der Beklagte hatte sich darauf berufen, daß er selbst die unrichtige Angabe nicht gemacht und davon auch keine Kenntnis erhalten habe. Nachdem er es aber zugelassen hatte, daß sein Sohn sich an Verhandlungen beteiligte und die notwendigen Angaben machte, handelte sein Sohn als Wissensvertreter und der Beklagte mußte dafür einstehen, wenn er als solcher falsche Angaben machte. Ob er selbst davon wußte oder die Angaben billigte, war belanglos. (VII, 13. Dezember 1938.) Amtl. Sammlg. S. 243—247.

Vgl. Bd. 150 S. 147; Bd. 157 S. 67, 75.

36. Beamtenrecht. Beförderung. Amtspflichtverletzung.

Schadenersatz. Staatshaftung. Rechtsweg. (RVerf. Art. 131; BGB. § 839; GVG. § 13.) Ein Beamter einer preußischen Stadt erhob, nachdem er in den Ruhestand versetzt worden war, gegen die Stadt Klage auf Schadenersatz, weil er zufolge pflichtwidrigen Verhaltens der zuständigen Beamten nicht befördert worden sei. In allen Rechtszügen wurde die Klage abgewiesen. Die gesetzliche Abgrenzung der Aufgabenkreise der Verwaltung und Rechtsprechung schließt es aus, daß ein Beamter das Verhalten seiner vorgesetzten Dienstbehörde, soweit es sich in der Unterlassung einer Beförderung äußert, schlechthin der gerichtlichen Nachprüfung unterstellt. Die bloße Erklärung des Klägers, daß er seinen Anspruch auf Amtspflichtverletzung gründe, konnte den Rechtsweg nicht zulässig machen. Es geht nicht an, im Gewande einer Schadenersatzklage wegen Amtspflichtverletzung die Nachprüfung von Maßnahmen der Verwaltungsbehörden zu verlangen. Nur dann, wenn vom Kläger ein Tatbestand behauptet wird, der in bestimmter Weise ein schuldhaftes, pflichtwidriges und daher zum Schadenersatz verpflichtendes Verhalten eines Beamten bei der Ausübung der öffentlichen Gewalt erkennen läßt, steht der Rechtsweg offen. Diesen Forderungen genügte der Kläger nicht mit der Darlegung, daß die Voraussetzungen für seine Beförderung gegeben gewesen wären. Wenn er gleichwohl nicht befördert wurde, war doch nicht ersichtlich, daß die Beamten, in deren Händen die Sache lag, eine Amtspflicht verletzt hätten, die ihnen gerade dem Kläger gegenüber oblag. Wenn eine Beamtenstelle durch Beförderung besetzt werden soll, haben die Beamten, denen die Entscheidung hierüber obliegt, lediglich die Belange der öffentlichen Körperschaft wahrzunehmen; die Belange der für die Beförderung in Betracht kommenden Beamten spielen bei der Entscheidung keine Rolle. Ihnen gegenüber kann also eine Amtspflichtverletzung durch die Entscheidung nicht stattfinden. Allerdings sind Klagen auf Schadenersatz wegen Amtspflichtverletzung immer zugelassen worden, wenn der Kläger Behauptungen aufstellte, aus denen sich ergab, daß die zuständigen Beamten nicht nach pflichtmäßigem Ermessen, sondern willkürlich, etwa offensichtlich schikanös, feindselig oder unwahrhaftig vorgegangen waren, oder wenn ihr Verhalten sich von den Anforderungen, die an eine ordnungsmäßige Verwaltung zu stellen sind, so weit entfernte, daß es nicht mehr in deren Rahmen fallen konnte. Aber auch wenn das im gegebenen Falle zutraf, fehlte das weitere Erfordernis, daß die verletzte Amtspflicht gerade dem Kläger gegenüber bestand. Es ist zwischen dem Hoheitsakt der Beförderung und seiner Vorbereitung zu unterscheiden. Diese (wie etwa die Berichterstattung über die Leistungen des Beamten oder die Begutachtung seines Gesundheitszustandes durch einen Amtsarzt) bezieht sich auf den Beamten selbst und hier ist eine Amtspflichtverletzung denkbar, die einen Schadenersatzanspruch begründet. Ein Fall dieser Art lag aber hier nicht vor; der Kläger hatte seine Vorwürfe nur gegen die Beamten gerichtet, die an der Entscheidung maßgebend beteiligt waren. (III, 27. Januar 1939.)

Amtl. Sammlg. S. 247—254.

Vg. Bd. 83 S. 104; Bd. 103 S. 429; Bd. 105 S. 196; Bd. 110 S. 265; Bd. 118 S. 227; Bd. 135 S. 110; Bd. 143 S. 84; Bd. 144 S. 253; Bd. 145 S. 137; Bd. 146 S. 257, 369; Bd. 157 S. 197.

37. Vereinbarter Gerichtsstand. Ergänzende Vertragsauslegung. (BGB. §§ 133, 157; ZPO. § 138.) Eine Gesellschaft mit beschränkter Haftung in Köln erhielt im Jahr 1928 ein Darlehen von einer Gesellschaft in Amsterdam. Das Darlehen war auf Dollarwährung gestellt und sollte in drei Monaten zurückbezahlt werden; die Frist wurde wiederholt verlängert, auch die Währung wurde wiederholt geändert. Im Jahr 1931 fügte die Gläubigerin ihrem Auszug auch allgemeine Geschäftsbedingungen bei, wonach für Streitigkeiten die holländischen Gerichte zuständig waren. Im Jahr 1938 klagte die Schuldnerin auf Feststellung, daß sie aus dem Darlehen nichts mehr schulde. In zwei Rechtszügen wurde die Klage wegen Unzuständigkeit des angegangenen Gerichts abgewiesen. Das Reichsgericht verwies die Sache zurück. Bei Hingabe des Darlehens war eine ausdrückliche Vereinbarung über das anzuwendende Recht oder über die Zuständigkeit eines Gerichts nicht getroffen worden. Das Berufungsgericht hatte im Wege ergänzender Vertragsauslegung angenommen, daß der mutmaßliche Wille der Parteien auf Amsterdam als Gerichtsstand gerichtet gewesen sei und daß die Parteien diesen Gerichtsstand auch vereinbart haben würden, wenn diese Frage in den Kreis ihrer Erwägungen getreten wäre. Diese Ausführungen erklärte das Reichsgericht für rechtsirrig. Die Vereinbarung eines zuständigen Gerichts ist eine Prozeßhandlung, die nach deutschem Prozeßrecht zu beurteilen ist, auch wenn sie im Ausland vorgenommen wird. Für die Auslegung sind die allgemein geltenden Grundsätze des bürgerlichen Rechts zu beachten. Eine ergänzende Auslegung, wie sie das Berufungsgericht für notwendig hielt, setzt eine Lücke voraus, die ausgefüllt werden muß, wenn der Vertragszweck nicht gefährdet werden soll. Das trifft nicht zu, wenn eine Vereinbarung über die Zuständigkeit fehlt; in diesem Falle wird die Lücke durch das Gesetz ausgefüllt. Möglich ist aber eine stillschweigende Vereinbarung; diese Frage hatte das Berufungsgericht nicht geprüft. Auch wenn eine solche Vereinbarung anzunehmen war, bedurfte es doch der Prüfung, ob mit ihr eine ausschließliche Zuständigkeit der holländischen Gerichte festgestellt werden sollte. (IV, 16. Februar 1939.) Amtl. Sammlg. S. 254—256.

38. Unfallneurose. Ursächlicher Zusammenhang. Mitverschulden. Beweislast. (BGB. §§ 249, 254, 823; ZPO. § 287.) Ein Wagenführer einer städtischen Straßenbahn erlitt, als er einmal in der Freizeit auf dieser fuhr, einen Unfall, indem der Wagen, auf dessen vorderer Plattform er stand, mit einem Lastkraftwagen zusammen stieß. Wegen der erlittenen Verletzungen befand er sich eine Zeitlang im Krankenhaus, wurde aber dann als geheilt erklärt. Da er der Aufforderung, seinen Dienst wieder anzutreten, nicht nachkam, wurde er fristlos entlassen. Mit der Behauptung, daß er nicht imstande sei, wie früher zu arbeiten, klagte er auf Schadenersatz. Das Berufungsgericht erkannte den Anspruch als dem Grunde nach gerechtfertigt an. Das Reichsgericht bestätigte das Urteil. Nach ärztlichem Gutachten lag bei dem Kläger eine schwere Rentenneurose mit Pseudodemenz und funktionellen Störungen vor. Das Berufungsgericht hatte daraus gefolgert, daß die bei dem Kläger noch vorhandenen Störungen, besonders die von ihm behaupteten Rücken- und Kopfschmerzen, nicht traumatische, sondern psychische Schäden seien, die aber ebenfalls auf den Unfall zurückgeführt werden müßten. Die beklagte Gesellschaft hatte demgegenüber vorgebracht, daß den Kläger in vollem Umfang die Beweislast treffe und zwar auch dafür, daß seine Neurose eine von ihr zu vertretende Unfallfolge sei. Diese Auffassung erklärte das Reichsgericht für unrichtig. Die Frage des ursächlichen Zusammenhangs zwischen Unfall und Schaden fällt unter die Vorschrift des § 287 ZPO. und ist also vom Gericht nach freiem Ermessen zu entscheiden. Das Berufungsgericht hatte sich bei der Beurteilung des ursächlichen Zusammenhangs nicht ausschließlich auf das ärztliche Gutachten gestützt, sondern auch andere Umstände berücksichtigt, insbesondere auch die Frage eines Mitverschuldens des Klägers geprüft. Ein solches Mitverschulden hätte von der beklagten Gesellschaft bewiesen werden müssen. In der Revision war ausgeführt, der bisherige milde Standpunkt der

Rechtsprechung vertrage sich nicht mit der Einstellung der heutigen Zeit, die in hohem Maße von der Auffassung durchdrungen und in allen ihren Maßnahmen geleitet werde, daß jeder grundsätzlich die Pflicht habe, sich seinen Kräften entsprechend zu betätigen, und daß jeder, der sich dem Arbeitsprozeß entziehe, ein durchaus asoziales Element sei; wenn der Kläger ein sehr beachtliches Maß von zweckgerichtetem Willen aufgebracht habe, um seinen Rentenanspruch zu vertreten, so müsse ihm auch zugemutet werden, diese Willensbetätigung umzustellen auf die Verrichtung einer der Allgemeinheit nützlichen Arbeit, statt der Allgemeinheit mit einem Rentenbegehren zur Last zu fallen. Das Reichsgericht erklärte demgegenüber, daß es nicht Aufgabe der Rechtsprechung sei, dem Arbeitsprozeß Personen zuzuführen. Die Rechtsprechung geht zudem nicht dahin, daß eine Unfallneurose in jedem Falle einen Schadenersatzanspruch zur Folge hätte; sie wendet sich vielmehr gegen eine schematische Beurteilung des Tatbestandes und insbesondere gegen die Auffassung, daß eine Unfallneurose niemals in ursächlichem Zusammenhang mit dem Unfall stehe. Wird auf Grund einer sorgfältigen Prüfung festgestellt, daß eine Handlung, für deren Folgen der Täter nach dem Gesetz einzustehen hat, die Arbeitsunfähigkeit des Verletzten bewirkt, und zwar ohne Unterscheidung, ob diese einen seelischen oder sonstigen Anlaß hat, und wird darnach die sich aus dem Gesetz ergebende Folgerung gezogen, daß der Täter den Schaden zu ersetzen hat (unter Beachtung des Umstandes, daß ein Mitverschulden des Verletzten nicht festzustellen ist), so kann weder von einem asozialen Element noch von einer Belastung der Allgemeinheit als Folge unberechtigten Rentenbegehrens die Rede sein. (VI. 30. November 1938.) Amtl. Sammlg. S. 257—264. Vgl. Bd. 75 S. 19; Bd. 155 S. 37; JW. 1934 S. 1563; 1936 S. 1356; 1938 S. 105.

39. Vergleich. Vertragsauslegung. (BGB. §§ 157, 242, 797.) In dem Krankenhaus einer Stiftung sollte an einer Frau eine Operation vorgenommen werden. Bei der Durchleuchtung, die zuvor durchgeführt wurde, entstand durch ein Versehen des Arztes ein Spannungsüberschlag, durch den die Frau erheblich verletzt wurde. Ihr Ehemann verlangte in ihrem Namen von der Versicherungsgesellschaft, bei der die Stiftung und der Arzt gegen Haftpflicht versichert waren, Schadenersatz. Nach längeren Verhandlungen kam ein Vergleich zustande, wonach die Gesellschaft eine Entschädigung von 10000 RM. bewilligte. Zwei Jahre später klagte die

Frau auf den Ersatz von Heilungskosten, die nach dem Abschluß des Vergleichs entstanden waren, und auf Schmerzensgeld. In zwei Rechtszügen wurde die Klage abgewiesen. Das Reichsgericht verwies die Sache zurück In dem Brief des Ehemanns der Klägerin, in dem dieser den Vergleich annahm, war ausgeführt, daß die Heilung noch nicht abgeschlossen sei Das Berufungsgericht hatte daraus gefolgert, daß die Klägerin die Gefahr künftigen Schadens bewußt ohne Einschränkung übernommen habe. Dieser Auffassung trat das Reichsgericht nicht bei § 157 BGB. gestattet nicht, aus einem nach beiderseitiger Parteivorstellung nur ein begrenztes Tatsachenfeld umfassenden Verzicht ohne weiteres unbegrenzte Verzichtswirkungen über dieses Feld hinaus herzuleiten. Eine einschränkende Auslegung ist geboten, wenn sich die Parteien beim Vergleichsabschluß übereinstimmend einen begrenzten Schadenskreis vorgestellt haben und der nachträglich eingetretene Schaden völlig außerhalb des Vorgestellten liegt, nach dem damaligen Sachstand unvorhersehbar war und so erheblich ist, daß bei seiner Kenntnis nach den Grundsätzen des redlichen Verkehrs der Vergleich nicht geschlossen worden wäre. Diese Beurteilung versagt nur dann, wenn die Parteien erkennbar über die vom Vergleichsabschluß bestehende und zu erwartende Gestaltung der Schadensfolgen hinaus haben Vorsorge treffen wollen. Eine so weitgehende Absicht ist nicht zu vermuten; sie folgt auch nicht aus allgemeinen und vordrucksmäßigen Erklärungen. Ob die Parteien im Augenblick des Vergleichsabschlusses die Heilung als im wesentlichen beendigt ansahen, war nicht entscheidend Die Erklärung des Ehemanns der Klägerin, daß diese ihre Heilung nicht als abgeschlossen ansehe, konnte nicht dahin ausgelegt werden, daß diese Schadensfolgen, die über jede Vorstellbarkeit hinausgingen, in die vergleichsmäßige Regelung einbeziehen wolle. Es erhellte auch in keiner Weise, daß die Versicherungsgesellschaft selbst anderer Auffassung war. Der Klägerin war von ärztlicher Seite versichert worden, daß die Unfallfolgen etwa ein Jahr nach dem Unfall behoben sein würden. Das war nicht der Fall gewesen. Demgemäß war zu prüfen, ob die Tragweite des Vergleichs auf die bei seinem Abschluß vorgestellten und vorstellbaren Unfallsfolgen zu beschränken war. (VII, 16. Dezember 1938.)

Amtl. Sammlg. S. 264—268.

Vgl. Bd. 131 S. 278; JW. 1934 S. 3265; 1936 S. 2787.

40. Werkvertrag. Fürsorgepflicht. Schadenersatz. (BGB. §§ 242, 249, 618, 631ff., 842ff.) In einem städtischen Neubau verunglückte ein Handwerker, der dort Öfen aufzustellen hatte, durch einen Sturz von einer schadhaften Treppe. Seine Hinterbliebenen klagten mit Erfolg gegen die Stadt auf Schadenersatz. Das Berufungsgericht hatte auf den Vertrag, den es als Kaufvertrag mit werkvertraglichem Einschlag ansah, § 618 BGB. angewendet. Hiernach hat der Dienstberechtigte Räume, Vorrichtungen oder Gerätschaften, die er zur Verrichtung der Dienste zu beschaffen hat, so einzurichten und zu unterhalten, daß der Verpflichtete gegen Gefahr für Leben und Gesundheit soweit geschützt ist, als die Natur der Dienstleistung es gestattet. Das Reichsgericht erklärte, daß diese Vorschrift beim Vorliegen ähnlicher Verhältnisse auch auf den Werkvertrag entsprechend anzuwenden ist. Es handelt sich hier um den Niederschlag eines allgemeinen, aus § 242 BGB. hergeleiteten Rechtsgedankens. Die Fürsorgepflicht einer Partei gebietet es darnach, die andere Partei, die bei der Ausführung der von ihr zu verrichtenden Arbeiten in den Gefahrenbereich der auftraggebenden Partei kommt, vor dort etwa drohenden gesundheitlichen Nachteilen und gegebenenfalls daraus erwachsendem Schaden, soweit es die Umstände gestatten, zu schützen. Das trifft auch bei einem Werkvertrag zu, wenn der Unternehmer zur Herstellung des Werkes einen Raum des Bestellers zu betreten oder sonst mit dessen Vorrichtungen oder Gerätschaften zu arbeiten hat. Die entsprechende Anwendung des § 618 führt weiter dazu, den Schadenersatz nach §§ 842ff. BGB. zu bemessen, so daß bei einem tödlichen Unfall des Unternehmers die Hinterbliebenen Ansprüche erheben können. Das wäre nicht der Fall, wenn der Schadenersatz nach den §§ 249ff. BGB. festzusetzen wäre. Diese Auffassung vertrat das Reichsgericht früher; es hielt sie für den Fall, daß der Unternehmer in den Gefahrenbereich des Bestellers eintritt, nicht mehr fest. (III, 20. Dezember 1938.)

Amtl. Sammlg. S. 268—272.

Vgl. Bd. 77 S. 408; Bd. 80 S. 27; JW. 1930 S. 3092.

41. Gesellschaft mit beschränkter Haftung. Gesellschaftsvertrag. Vertragsauslegung. Abtretung von Geschäftsanteilen. Treuhandvertrag. (GmbHG. § 15.) Eine G. m. b. H. bestand ursprünglich aus zwei Brüdern. Nach dem Gesellschaftsvertrag bedurfte die Abtretung von Geschäftsanteilen oder Teilen von solchen der Genehmigung der Gesellschafter. Im Laufe der Jahre traten verschiedene Änderungen ein, so daß schließlich der eine der Brüder, dessen Ehefrau und ein Prokurist Gesellschafter waren. Infolge geschäftlicher Schwierigkeiten wurde auf Verlangen der Hauptgläubigerin, einer Bank, das Stammkapital erhöht; die Bank übernahm so viel Geschäftsanteile, daß sie die Mehrheit hatte. Alle diese Änderungen waren unter Zustimmung sämtlicher Gesellschafter erfolgt. Später übertrug die Bank ihre Geschäftsanteile auf eine mit ihr in engster Verbindung stehende Treuhandgesellschaft; auch hiezu erteilten die übrigen Gesellschafter ihre Zustimmung. Im Innenverhältnis blieb die Bank nach wie vor die eigentliche Gesellschafterin, da die Treuhandgesellschaft verpflichtet war, alle gesellschaftlichen Befugnisse nach Weisung der Bank auszuüben. Einige Jahre später trat die Bank alle ihr gegenüber der Treuhandgesellschaft zustehenden Rechte an eine offene Handelsgesellschaft ab. Der G. m. b. H. teilte sie mit, daß nach ihrer Auffassung hiezu eine Genehmigung nicht notwendig sei, daß sie aber doch um Einberufung einer Generalversammlung ersuche, um die Genehmigung herbeizuführen. In der Generalversammlung vertrat die Treuhandgesellschaft die Auffassung der Bank, stellte aber doch die Genehmigung zur Abstimmung. Sie selbst stimmte zu; die übrigen Gesellschafter enthielten sich der Stimme. Sie erhoben dann gemeinsam eine Klage gegen die Bank auf Feststellung, daß die Rechtsabtretung der Bank an die offene Handelsgesellschaft nichtig sei. Das Berufungsgericht gab der Klage statt. Das Reichsgericht verwies die Sache zurück. Von den Gründen des Urteils sind nur jene veröffentlicht, die sich auf die Frage beziehen, ob nach der Satzung zu der Übertragung von Geschäftsanteilen eine Zustimmung der sämtlichen übrigen Gesellschafter oder nur ein Beschluß der Gesellschafterversammlung erforderlich war. Ein Gesellschaftsvertrag ist der Auslegung in gleicher Weise fähig wie irgend eine andere gerichtliche oder notarielle Urkunde; nur ist der Auslegung mit Rücksicht auf die Bedeutung eines solchen Vertrags für die Allgemeinheit, insbesondere für die Gläubiger und auch für künftige Gesellschafter, insofern eine Grenze gezogen, als über den Wortlaut hinaus nur eine aus der Urkunde selbst zu gewinnende Auslegung zulässig ist und deshalb Nebenabreden und Deutungen, die für Außenstehende nicht erkennbar sind, nicht zugelassen werden können. Das schließt nicht aus, daß zur Aufhellung unklarer und mehrdeutiger Bestimmungen alle Auslegungsbehelfe ohne Einschränkung benutzbar sind. So lag die Sache hier. Die Bestimmung des Gesellschaftsvertrags, daß die Abtretung von Geschäftsanteilen der

Zustimmung der Gesellschafter bedürfe, konnte den Sinn haben, daß die Zustimmung in der Form eines Mehrheitsbeschlusses der Gesellschafterversammlung zu erteilen sei, oder aber den, daß es zustimmender Erklärungen aller einzelnen Gesellschafter bedürfe. Zur Zeit der Abfassung des Gesellschaftsvertrags bestand die Gesellschaft nur aus zwei Brüdern; mit der Beteiligung einer großen Zahl von Gesellschaftern war nicht zu rechnen. Die Satzung blieb auch nach dem Eintreten der Bank unverändert. Daraus war zu entnehmen, daß für die Abtretung von Geschäftsanteilen die Zustimmung aller Gesellschafter nötig war. Das galt auch für die Abtretung von Treugeberrechten, die dem Treuhänder wirtschaftlich die Stellung eines Gesellschafters gaben. Allerdings war nach der Satzung nur der dingliche Abtretungsvertrag, nicht irgendein schuldrechtliches Geschäft, das ähnliche Wirkungen hatte, dem Genehmigungszwang unterworfen; jedoch handelte es sich hier nicht um die Genehmigung eines schuldrechtlichen Geschäfts, einer Verpflichtung zur Übertragung gewisser Rechte, sondern um eine solche zu einer dinglichen Übertragung einer bestimmten Rechtsstellung als solcher, der Rechtsstellung eines Treugebers, die diesen sachlich und wirtschaftlich völlig in die Lage des Gesellschafters setzte. Der Treuhänder ist ihm gegenüber vereinbarungsgemäß in jeder Hinsicht an seine Weisungen gebunden und hat wirtschaftlich nur die Stellung eines Beauftragten. Er ist zwar nach außen verfügungsberechtigt und stimmt auch in der Gesellschafterversammlung in eigenem Namen. Diese Rechte stehen ihm aber nur der äußeren Form nach zu; der maßgebende Einfluß ist dem Treugeber verblieben, so daß dieser als der eigentliche Berechtigte anzusehen ist. So lag die Sache hier. Für die Tragweite der auszulegenden Bestimmung konnte aber nur ihr wirtschaftlicher Zweck maßgebend sein. (II, 23. Dezember 1938.)

Amtl. Sammlg. S. 272—282.

Vgl. Bd. 101 S. 247; Bd. 140 S. 307; Bd. 141 S. 206; JW. 1931 S. 2967; 1934 S. 1412.

42. Dienstvertrag. Fürsorgepflicht. Verkehrssicherung. Beweis auf erste Sicht. Entlastungsbeweis. Mitverschulden. (BGB. §§ 31, 89, 254, 278, 618, 823, 831.) Eine Frau, die als Putzfrau in dem Rathaus einer Stadt tätig war, nahm ihren 6jährigen Sohn dorthin mit, um ihn nicht allein zu Hause zu lassen. Der Knabe fand auf einem Fensterbrett einen metallenen Gegenstand und nahm ihn mit nach Hause. Als er zwei Tage später mit dem Gegenstande spielte, explodierte dieser und verletzte ihn erheblich. Es ergab sich, daß der Gegenstand eine Gewehrgranate war, die jahrelang in einem Schrank im Rathaus gelegen hatte, ohne daß jemand ihre Gefährlichkeit erkannte; ein Beamter hatte sie schließlich in den Papierkorb geworfen und bei dessen Entleerung war sie auf das Fensterbrett gelegt worden. Wie sie in den Schrank gekommen war, ließ sich nicht aufklären. Die Mutter des verletzten Knaben als dessen gesetzliche Vertreterin klagte gegen die Stadt auf Schadenersatz und Schmerzensgeld. In allen Rechtszügen wurde die Klage als dem Grunde nach gerechtfertigt anerkannt. Das Berufungsgericht hatte eine Verletzung der Schutzvorschrift des § 618 BGB. für gegeben erachtet, weil die Stadt verpflichtet gewesen sei, ihre Beamten und Angestellten gegen Gefahren für Leib und Gesundheit soweit zu schützen, als die Natur der Dienstleistungen es gestatte. Durch richtige Anordnung und Überwachung hätte sie vermeiden können, daß die Putzfrauen mit Gegenständen in Verbindung kämen, die ihnen gefährlich werden konnten. Den maßgebenden Stellen der Stadt sei bekannt gewesen, daß die Putzfrauen ihre Kinder mit in das Rathaus brächten; unter diesen Umständen müsse es als stillschweigend vereinbart angesehen werden, daß der Schutz des § 618 BGB. auch dem Kläger zugute kommen solle. Das Reichsgericht erklärte, daß diese Ausführungen nicht geeignet seien, die Entscheidung zu tragen. Zwar kann die Schutzvorschrift des § 618 BGB. über den Kreis der Dienstverpflichteten hinaus deren Familienangehörigen zugute kommen, wenn diese nach den Abmachungen der Parteien berechtigt sind, sich während der zu leistenden Dienste in den Räumen des Dienstberechtigten aufzuhalten. Ob ein solches Recht für den Kläger bestand, konnte dahingestellt bleiben, weil der Schaden erst eingetreten war, nachdem der Kläger das ungefährlich erscheinende Metallstück aus dem Rathaus weggebracht hatte; auch eine schuldhafte Pflichtverletzung von Beamten oder Angestellten der Stadt, für die diese hätte haften müssen, war nicht dargetan. Bei einer Behörde von dem Aufgabenkreis der Beklagten waren die Fälle, in denen gefährliche Gegenstände in ihren Bereich gebracht wurden, so selten, daß besondere Vorkehrungen nicht notwendig waren. Die Leitung der Beklagten durfte das Vertrauen haben, daß ihre Beamten und Angestellten außerhalb ihrer Dienstverrichtungen keine gefährlichen Gegenstände einbringen würden und daß jene von ihnen, die ausnahmsweise in die Lage kommen würden, mit solchen umzugehen, die nötige Sorgfalt für deren Behandlung aufbringen würden. Das

Berufungsgericht hatte ausgeführt, daß eine allgemeine Anordnung hätte erlassen werden müssen, wonach alle Sachen, die nicht in die Geschäftsräume gehörten, an eine Sammelstelle abzuliefern und durch geeignete Personen zu behandeln seien. Das Reichsgericht erklärte, daß damit die Anforderungen, die an die von der Beklagten zu leistende Sorgfalt zu stellen seien, überspannt würden. Es blieb außer Betracht, daß die Granate auf eine Weise in den Schrank gelangt sein konnte, die für keine Person, deren Verhalten die Beklagte zu vertreten hatte, belastend war. Die Tatsache, daß eine Person, die in den Räumen der Beklagten berechtigterweise verkehrte, an einen so gefährlichen Gegenstand herankommen konnte, stellte nur den äußeren Tatbestand der Verletzung einer der Beklagten obliegenden Pflicht dar, für die Sicherheit in ihren Räumen zu sorgen. Dieser äußere Tatbestand genügte nicht, um einen Anspruch aus unerlaubter Handlung gegen die Beklagte zu begründen; es mußte der innere Tatbestand hinzukommen, demzufolge die Entstehung dieser Lage auf das Verschulden einer Person zurückzuführen war, für die gemäß §§ 31, 89 BGB. die Beklagte einzutreten hatte. Ein solches Verschulden und seine Ursächlichkeit ließ sich nicht aus den Grundsätzen über den Beweis auf erste Sicht ableiten. Dieser ermöglicht nur, aus typischen und daher wahrscheinlichen Geschehensabläufen darauf zu schließen, daß ein von dem Beschädigten darzutuender Zusammenhang bewiesen sei. Diese Schlußfolgerung entfällt, sobald ein anderer Ablauf auch nur in den Bereich ernstlich in Betracht zu ziehender Möglichkeit gerückt ist. Immerhin stand fest, daß die Ursache der Verletzung des Klägers in dem von der Beklagten eröffneten Verkehrsbereich gesetzt worden war. Zur Sicherung dieses Verkehrsbereiches bediente sich die Beklagte anderer Personen; letzthin kamen alle ihre Beamten und Angestellten in dieser Hinsicht als Hilfspersonen in Betracht. Durch diesen Zusammenhang war die Grundlage für die Anwendung des § 831 BGB. gegeben; der Beklagten oblag der Entlastungsbeweis in vollem Umfang, wenn sie der Haftung aus § 831 entgehen wollte. Die bloße Möglichkeit, daß die gefährliche Lage auch ohne Verschulden einer der Personen entstehen konnte, deren sich die Stadt zur Erfüllung ihrer Verkehrssicherungspflicht bediente, reichte zur Führung des Entlastungsbeweises nicht aus; die Beklagte hätte den schlüssigen Beweis führen müssen, daß alles geschehen sei, um die Erfüllung der Pflicht nur solchen Beamten und Angestellten anzuvertrauen, die zuverlässig waren und von denen auch keine Fahrlässigkeit bei Ausführung ihrer Verrichtungen zu befürchten war. Allgemeine Erwägungen, daß die Sorgfalt der Leitung der Beklagten in der Auswahl ihrer Hilfspersonen in Anbetracht ihrer öffentlich-rechtlichen Stellung selbstverständlich sei, genügen nicht. Diesen Anforderungen konnte die Beklagte nicht entsprechen, weil alle Anhaltspunkte dafür fehlten, wie die Granate in den Besitz der Beklagten gelangt war. Die Beklagte konnte sich der Tragung des vollen Schadens auch nicht durch die Behauptung eines Mitverschuldens der Mutter des Klägers entziehen. Wenn es sich um Vertragsverletzung gehandelt hätte, wäre in Betracht zu ziehen gewesen, ob eine gehörige Beaufsichtigung des Klägers gegenüber der beklagten Stadt Vertragspflicht gewesen wäre; das Verschulden der Mutter hätte dann nach § 278 BGB. dem Kläger zur Last gelegt werden können. Im gegebenen Falle wurde aber die Ersatzpflicht aus unerlaubter Handlung abgeleitet. Hier kann ganz allgemein der Ersatzpflichtige dem Verletzten nicht entgegenhalten, daß zum Zustandekommen der Verletzung noch das Verhalten eines Dritten mitursächlich war. Dieser Satz gilt schlechthin. Er kann auch in den Fällen keiner Einschränkung unterworfen werden, in denen der Verletzte ein Minderjähriger, der Mitverursacher der Aufsichtspflichtige und die Mitursache eben die nichtgehörige Ausübung der Aufsicht ist. Übrigens war ein Verschulden der Mutter nicht nachgewiesen, da das Berufungsgericht festgestellt hatte, daß diese die Gefährlichkeit des Gegenstandes nicht erkennen konnte. (III, 6. Januar 1938.)

Amtl. Sammlg. S. 283—292.

Vgl. Bd. 87 S. 1; Bd. 113 S. 293; Bd. 121 S. 114; Bd. 134 S. 237; Bd. 149 S. 6.

43. Anschlußberufung. Widerklage. Teilurteil. (ZPO. §§ 301, 522.) Im Jahr 1923 wurde einer Bank ein Auftrag zum Ankauf von Pfandbriefen erteilt. Nachdem sie ihn ausgeführt hatte, erklärte der Auftraggeber, er habe Vorkriegspfandbriefe ankaufen wollen, und lehnte die Annahme der gekauften Stücke ab. Im Jahr 1937 erhob er Klage auf einen Teil des ihm angeblich erwachsenen Schadens. Das Landgericht wies die Klage wegen Verwirkung des geltend gemachten Anspruchs ab. Der Kläger legte Berufung ein. Die beklagte Bank schloß sich ihr nach Ablauf der Berufungsfrist an und erhob Widerklage mit dem Antrag auf Feststellung, daß der Kläger gegen sie keinen Anspruch auf Schadenersatz habe. Das Berufungsgericht gab durch Teilurteil der Widerklage statt. Das Reichsgericht verwies die Sache zurück. Eine nach Ablauf der Berufungsfrist erklärte Anschließung an die Berufung wird unwirksam, wenn die Berufung des Gegners zurückgenommen oder als unzulässig verworfen wird. Wegen dieser Möglichkeit kann ein Teilurteil über eine Widerklage, die durch eine solche Anschlußberufung in den Rechtsstreit eingeführt worden ist, vor der Entscheidung über die Berufung nicht ergehen; die Widerklage ist vorher nicht zur Endentscheidung reif. Der Mangel war in der Revisionsbegründung nicht geltend gemacht worden, aber von Amts wegen zu berücksichtigen. Zwar soll im allgemeinen (außer in Ehesachen) die Zulässigkeit eines Teilurteils nur auf besondere Rüge nachgeprüft werden; aber die Bestimmung, daß eine unselbständige Anschlußberufung unwirksam wird, wenn die Berufung zurückgenommen oder als unzulässig verworfen wird, ist nicht nur der Verfügung der Parteien entrückt und läßt den Boden einer solchen Anschlußberufung als höchst schwankend erscheinen, sondern sie bewirkt auch eine derartige Verzahnung zwischen Berufung und Anschlußberufung, daß eine besondere Entscheidung über die letztere das ganze Verfahren betrifft und deshalb von Amts wegen auf ihre Zulässigkeit geprüft werden muß. Die Beklagte hatte zwar erklärt, daß sie jeder Zurücknahme der Berufung widersprechen werde. Damit wurde aber der unsichere Boden des Teilurteils nicht tragfähig gemacht. Es bestand immer noch die Möglichkeit, daß die Berufung als unzulässig verworfen wurde; außerdem hatte die Erklärung der Beklagten vor dem Revisionsgericht nicht die Kraft, die Zurücknahme der Berufung auszuschließen. Die Zurücknahme einer Berufung ist bindend und unwiderruflich; dasselbe gilt für die Einwilligung oder Versagung der Einwilligung zu der erklärten Zurücknahme. Damit ist aber nicht gesagt, daß eine vor der Zurücknahme ausgesprochene Einwilligung oder deren Versagung dieselben Eigenschaften hätte; jedenfalls ist die Versagung der Einwilligung, die vor der Zurücknahme erklärt worden ist, jederzeit widerruflich. Der Rechtsordnung kann nicht daran liegen, die Möglichkeit der Wiederherstellung des Rechtsfriedens, die mit der Zurücknahme der Berufung gegeben wäre, schon vor der Zurücknahme auszuschließen und den Gegner an einer vorher erklärten Versagung der Einwilligung festzuhalten, ohne ihm das Recht zu geben, die Lage neu zu prüfen, nachdem ihm das Angebot zum Rechtsfrieden tatsächlich gemacht worden ist. (VII, 31. Januar 1939.)

Amtl. Sammlg. S. 293—296.

Vgl. Bd. 85 S. 214; Bd. 107 S. 350; Bd. 152 S. 292.

44. Erbenauswahl durch einen Dritten. (BGB. § 2065.) Ein Gutsbesitzer setzte in einem Testament einen seiner Großneffen als Erben ein. Durch ein späteres Testament hob er diese Erbeinsetzung auf und bestimmte, daß die Mutter des früher eingesetzten Erben unter ihren Söhnen den als Erben auswählen solle, den sie für am besten geeignet hielte, unter den derzeitigen schwierigen Verhältnissen das Gut zu bewirtschaften. Gegen den auf diese Weise ausgewählten Erben erhob eine Verwandte des Erblassers, die bei gesetzlicher Erbfolge $^1/_{27}$ des Nachlasses zu beanspruchen gehabt hätte, Klage auf Feststellung der Nichtigkeit des Testaments. In zwei Rechtszügen wurde die Klage abgewiesen. Das Reichsgericht verwies die Sache zurück. Das Berufungsgericht hatte seine Entscheidung damit begründet, daß die Klägerin an der von ihr begehrten Feststellung kein rechtliches Interesse habe, weil im Falle der Nichtigkeit des späteren Testaments das frühere wieder in Wirksamkeit treten würde, so daß die Klägerin doch nicht zur Erbfolge käme. Es hatte weiter als seine Rechtsansicht dargelegt, daß das angefochtene Testament gültig sei. Das Reichsgericht trat dem Berufungsgericht bei. Die Auffassung, daß nach dem Willen des Erblassers das ältere Testament nur dann aufgehoben sein sollte, wenn die spätere Regelung der Erbfolge rechtswirksam sei, war rechtlich nicht zu beanstanden. Auch die Erbeinsetzung in dem zweiten Testament verstieß nicht gegen das Gesetz. Allerdings kann der Erblasser die Bestimmung seines Erben nicht einem anderen überlassen; er ist aber nicht gezwungen, seinen Erben namentlich zu benennen, kann sich vielmehr damit begnügen, einen beschränkten Kreis von Personen zu bezeichnen, aus dem der Erbe nach bestimmten sachlichen Gesichtspunkten, wie etwa seiner Eignung für eine besondere Aufgabe, durch einen Dritten bindend ausgewählt werden soll; erforderlich ist nur, daß für eine Willkür des Dritten kein Raum bleibt, sondern die Entscheidung auf sein Urteil über das Vorliegen jener Voraussetzungen abgestellt ist, mag dieses auch ein reines Werturteil sein oder ein solches einschließen. In einem solchen Falle ist die von dem Dritten getroffene Auswahl nur dann nicht maßgebend, wenn sie offenbar nicht auf den vom Erblasser festgelegten sachlichen Gesichtspunkten beruht, sondern seiner Bestimmung zuwider nach Willkür vorgenommen worden ist. Die Klägerin hatte im zweiten Rechtszug noch geltend gemacht, daß der Erblasser über das Gut, um das es sich handelte, letztwillig nicht habe verfügen können, da er es nur als Vorerbe erlangt habe. Das Berufungsgericht hatte hiezu ausgeführt, daß dies für die allein zu entscheidende Frage, wer Erbe geworden sei, keinen Belang habe, da in diesem Falle eben das Gut nicht zum Nachlaß gehört hätte. Das erklärte das Reichsgericht für verfehlt. Es hätte geprüft werden müssen, ob nicht der Sinn der Erbeinsetzungen in den beiden Testamenten (dem in Frage stehenden und dem, daß die Vorerbschaft begründete) gerade der war oder diese doch von den Parteien dahin verstanden wurden, daß bestimmt werden sollte, an wen nach dem Tode des Erblassers das Gut fallen sollte, und ob nicht eben die Frage der Nachfolge in das Gut der eigentliche Streitgegenstand war, über den die Klägerin entschieden sehen wollte. Aus diesem Grunde wurde die Sache zurückverwiesen. (IV, 6. Februar 1939.) Amtl. Sammlg. S. 296—300.

45. Beschwerderecht in Vormundschaftssachen. Blutprobe. (FGG. §§ 20, 57 Nr. 9; FamRÄndG. Art. 3 § 9.) L. wurde als Vater eines am 28. März 1933 geborenen Kindes in Anspruch genommen und rechtskräftig zur Unterhaltszahlung verurteilt. Im Jahr 1938 stellte er beim Vormundschaftsgericht den Antrag, den Vormund anzuweisen, die Entnahme von Blut bei dem Kinde zum Zweck der Blutgruppenuntersuchung zu dulden und zugleich die fehlende Zustimmung der Mutter zur Blutgruppenuntersuchung vormundschaftsgerichtlich zu ersetzen. Das Vormundschaftsgericht wies den Antrag zurück, weil er nur mit haltlosen Vermutungen begründet sei, auch nicht den Belangen des Kindes diene. Das Landgericht verwarf die Beschwerde als unzulässig. Das Kammergericht wollte die weitere Beschwerde zurückweisen, legte aber wegen einer entgegenstehenden Entscheidung des Oberlandesgerichts München die Sache dem Reichsgericht vor. Dieses schloß sich der Auffassung des Kammergerichts an. Die Meinungsverschiedenheit zwischen den beiden Oberlandesgerichten beschränkte sich auf die Frage, ob durch § 9 des Gesetzes über die Änderung und Ergänzung familienrechtlicher Vorschriften vom 12. April 1938 für den als Erzeuger eines unehelichen Kindes in Anspruch genommenen Mann ein Recht begründet worden ist, auf dessen Beeinträchtigung er eine Beschwerde stützen kann. Diese Vorschrift bestimmt, daß sich Parteien und Zeugen, soweit dies zur Feststellung der Abstammung eines Kindes erforderlich ist, erb- und rassenkundlichen Untersuchungen zu unterwerfen, insbesondere die Entnahme von Blutproben zum Zweck der Blutgruppenuntersuchung zu dulden haben. Im Gegensatz zu den beiden Oberlandesgerichten entschied das Reichsgericht, daß die Vorschrift nicht nur für das Gebiet des Zivilprozesses gilt, daß es vielmehr geboten ist, die damit geschaffenen Befugnisse auch dem Richter der freiwilligen Gerichtsbarkeit zur Verfügung zu stellen. Das bedeutet jedoch keineswegs, daß mit der Vorschrift ein subjektives Recht irgendeiner Person geschaffen wurde, von einer anderen die Duldung der Blutentnahme zu verlangen. Die Pflicht besteht nur dem Gericht gegenüber; sie ist öffentlichrechtlicher Art, wie die Pflicht, als Zeuge vor Gericht auszusagen. Der angebliche Erzeuger eines Kindes hat also kein Beschwerderecht, wenn das Vormundschaftsgericht es ablehnt, den Vormund zur Duldung der Blutentnahme bei einem minderjährigen Kinde anzuhalten. Das schließt nicht aus, daß das Vormundschaftsgericht von Amts wegen eine solche Anordnung trifft, wenn es das im Interesse des Kindes zur Aufklärung seiner blutmäßigen Abstammung für geboten erachtet. (IV, 9. Februar 1939.) Amtl. Sammlg. S. 300—305.

Vgl. Bd. 153 S. 93.

46. Ehescheidung. Unheilbare Zerrüttung. Widerspruch. Überwiegende Schuld. (BGB. §§ 254, 1568; EheG. §§ 49, 55, 61, 69.) Die Parteien hatten im Jahr 1908 die Ehe geschlossen. Aus dieser war ein Sohn hervorgegangen. Der Ehemann hatte am Krieg teilgenommen, war in Gefangenschaft geraten, aus dieser im Jahr 1920 zurückgekehrt und hatte im Jahr 1921 ein Verhältnis mit einer Kriegerwitwe angefangen, das er von da an ununterbrochen fortsetzte. Mit seiner Ehefrau hatte er seit 1922 nicht mehr ehelich verkehrt; seit 1934 lebten die Parteien getrennt. Eine in diesem Jahr erhobene Ehescheidungsklage war abgewiesen worden. Im Jahr 1936 klagte der Ehemann neuerdings auf Scheidung wegen Zerrüttung des ehelichen Verhältnisses. In zwei Rechtszügen wurde die Klage abgewiesen. Nachdem das Reichsgericht die Sache zurückverwiesen hatte, erkannte das Berufungsgericht auf Scheidung und erkannte den Kläger für alleinschuldig. Die Revisionen beider Parteien hatten keinen Erfolg. Das Berufungsgericht hatte festgestellt, daß die häusliche Gemeinschaft der Parteien seit mehr als drei Jahren aufgehoben war, daß eine tiefgreifende Zerrüttung durch die ehebrecherischen Beziehungen des Klägers eingetreten war und daß die Wiederherstellung einer dem Wesen der Ehe entsprechenden Lebensgemeinschaft nicht erwartet werden konnte. Die einseitige Bereitwilligkeit der Beklagten, die Ehe fortzusetzen, wenn der Kläger von seinen ehebrecherischen Beziehungen ablasse, brauchte die Überzeugung des Berufungsgerichts von der unheilbaren

Zerrüttung der Ehe angesichts der ablehnenden Haltung des Klägers, seiner seit vielen Jahren andauernden ehebrecherischen Beziehungen und der weit fortgeschrittenen Entfremdung der Parteien nicht zu erschüttern. Eingehend wurde die Frage des Verschuldens geprüft. Das Maß der Schuld hängt nicht nur davon ab, ob ein Verstoß gegen eine wesentliche oder geringere Pflicht vorliegt, sondern auch von den Umständen, unter denen es zu der Verfehlung gekommen ist. Bei der Abwägung der Schuld ist aber auch zu berücksichtigen, ob die schuldhafte Verfehlung allein oder vorwiegend zu der Zerrüttung geführt hat, oder ob und in welchem Grade dafür andere Gründe maßgebend waren. Ist eine Zerrüttung schon vorhanden, ehe die schuldhafte Verfehlung begangen wird, so ist besonderer Anlaß gegeben, die Einwirkung der Verfehlung auf die Zerrüttung zu prüfen. Hier kann nur derselbe Grundsatz gelten, der seinen Niederschlag in § 254 BGB. gefunden hat, wo es auch auf eine Abwägung gegenseitigen schuldhaften Verhaltens für die daraus zu ziehenden Folgen ankommt. Für § 55 EheG. war noch besonders zu beachten, daß auch Ereignisse, die keine Schuld bedeuteten, einen überwiegenden ursächlichen Zusammenhang der schuldhaften Verfehlung des Klägers mit der Zerrüttung der Ehe in Frage stellen konnten. Dabei durften allerdings die durch die Ehe auferlegten sittlichen Verpflichtungen zur Selbstzucht und Nachsicht nicht übersehen werden. Auch wenn es richtig war, daß die Beklagte bei der Rückkehr des Klägers aus dem Kriege diesen liebevoll hätte begrüßen können, wenn sie auch nach dem Kriege noch an Geselligkeit im alten Sinne Gefallen fand und die Tätigkeit ihres Mannes, der ganz in seinem Berufe und der Parteiarbeit aufging, nicht in dem von ihm gewünschten Sinne unterstützte, fehlte es doch bei diesen Behauptungen des Klägers an ausreichenden Einzelheiten, die einen hinreichenden Grund für die Abkehr des Klägers von seiner Ehefrau darstellen konnten. Die Beklagte hatte zur Begründung ihres Widerspruchs gegen die Scheidung darauf hingewiesen, daß sie sich in den langen Jahren, während der Kläger im Ehebruch lebte, tadellos geführt hatte, daß sie nun in vorgerücktem Alter der Sorge preisgegeben sei, nachdem sie ihr Leben dem Kläger gewidmet, ihm auch einen Sohn geboren hatte. Das Reichsgericht gab zu, daß die traurige Lage der Beklagten und die schwere Schuld des Klägers nicht zu verkennen seien, erkannte aber ihrem Widerspruch doch nicht die Kraft zu, die Scheidung zu verhindern. Allerdings ist in der amtlichen Begründung zum Ehegesetz ausgeführt worden, einem

Ehegatten dürfe nicht der Weg eröffnet werden, durch schwere Eheverfehlung die Zerrüttung herbeizuführen, um dann nach dreijähriger Trennung die Scheidung zu begehren; ein Ehemann dürfe seine Frau nicht verstoßen, weil er eine jüngere und reizvollere gefunden habe und mit dieser vereinigt zu sein wünsche. Es müssen aber auch die schweren und einer gesunden Volkserhaltung abträglichen Schäden berücksichtigt werden, die sich aus einer Aufrechterhaltung inhaltsloser Ehen ergeben. Gerade solchen Zuständen zerbrochener Ehen sollte das Ehegesetz begegnen, nach dieser Zielsetzung müssen seine Vorschriften beurteilt werden. Es dürfen nicht allein die Pflichten der Eheleute und die für die Familie eintretenden Folgen in Betracht gezogen werden; in entscheidendem Maße sind die sittlichen Belange des ganzen Volkes zu beachten. Ist eine Ehe unheilbar zerrüttet, so wird es auch für die Kinder, für ihre Gemüts- und Wesensbildung oft nur vorteilhaft sein, wenn die Ehe geschieden und damit eine Quelle von Aufregungen und Streit verstopft wird, die ein kindliches Gemüt häufig mehr stört und vergiftet als der einmalige große Schmerz der endgültigen gerichtlichen Trennung der Eltern. Auch für die Frau kann eine Lösung der Ehe bei Einrichtung eines neuen Lebens nur förderlich sein. Sittlich nicht zu rechtfertigen wäre ihr Verlangen, nur um der Aufrechterhaltung der bisherigen Lebensgrundlage willen den entfremdeten Mann dauernd an sich zu fesseln. Sinn des Gesetzes ist es auch nicht, einen schuldigen Ehegatten durch Festhalten in einer Scheinehe zu strafen. Staat und Volk haben außerdem ein dringendes Interesse, ein loses Zusammenleben von Personen verschiedenen Geschlechts ohne gesetzliche Bindung zu verhindern, wie es häufig als Folge zerstörter, aber nicht geschiedener Ehe entsteht. Anders zu beurteilen wird die Lage sein, wenn erst nach langer Ehe die Entfremdung der Eheleute in höherem Alter eintritt, wenn der schuldlose Gatte seine guten Jahre dem anderen gewidmet hat und nun im Alter seine Lebensgrundlage verlieren soll. An der neuen Ehe eines gealterten Menschen hat die Volksgemeinschaft kein Interesse, gleichviel, ob der neue Lebensgefährte ebenfalls in höherem Alter steht oder etwa der schon bejahrte schuldige Teil mit einem erheblich jüngeren Ehegatten eine den Naturgesetzen nicht entsprechende Verbindung eingehen will. In solchen Fällen wird es gerechtfertigt sein, den schuldigen Teil an den durch die Ehe übernommenen Verpflichtungen festzuhalten. Im gegebenen Falle war aber zu beachten, daß es nach der heute gesetzlich anerkannten Auffassung von einer wahren Ehe richtiger gewesen wäre, wenn die Beklagte schon früher von ihrem Recht zur Scheidung Gebrauch gemacht, den entfremdeten Kläger nicht an der hoffnungslos zerstörten Ehe festgehalten und sich und ihm einen neuen Lebensweg eröffnet hätte. Daß sie das nicht getan hatte und sich nun in höheren Jahren einer schwierigeren Lage gegenübersah, war kein Grund, es bei dem nicht gerechtfertigten Zustand zu belassen. Wieweit es für die Entscheidung über den Widerspruch beachtlich gewesen wäre, wenn aus der Ehe mehrere Kinder vorhanden und zum Teil noch unversorgt gewesen wären, brauchte nicht erörtert zu werden, da der einzige Sohn schon volljährig war. (IV, 13. Februar 1939.)

Amtl. Sammlg. S. 305—311.

47. Kraftfahrzeug. Ursächlicher Zusammenhang. Entlastungsbeweis. (BGB. §§ 831, 843; KraftFahrzG. § 7.) Wegen Pflasterungsarbeiten war eine Straße halbseitig gesperrt; gegen die Baustelle war die Fahrbahn durch Kanthölzer abgegrenzt. Die Breite der Fahrbahn betrug etwa 3 Meter. Ein Lastkraftwagen, der langsam die Strecke durchfuhr, berührte mit einem Rad ein etwa 20 cm in die Fahrbahn hineinragendes Kantholz; dieses wurde in die Höhe geschleudert, flog einem Arbeiter an den Kopf und verletzte ihn erheblich. Auf seine Klage gegen den Fahrzeughalter erkannte das Berufungsgericht den Anspruch dem Grunde nach als gerechtfertigt an. Die Revision des Beklagten hatte keinen Erfolg. Die Annahme des Berufungsgerichts, daß zwischen dem Unfall und dem Betriebsvorgang der erforderliche ursächliche Zusammenhang bestehe, wurde vom Reichsgericht gebilligt. Im Regelfalle konnte allerdings damit gerechnet werden, daß der Wagen über das Holz weggehen werde, der Ausnahmefall des Wegschleuderns lag aber nicht außerhalb der allgemeinen menschlichen Erfahrung. Das genügte. Daß der schädigende Erfolg der Regel nach zu erwarten ist, bildet keine Voraussetzung für die Annahme der Ursächlichkeit. Der Entlastungsbeweis war nicht erbracht. Der Beklagte hatte darauf hingewiesen, daß der Fahrer die vorgeschriebene Prüfung bestanden habe, hatte auch zwei Zeugnisse über seine Fähigkeiten vorgelegt. Das Berufungsgericht hatte dazu bemerkt, daß an die Auswahl eines Kraftwagenfahrers besonders strenge Anforderungen zu stellen sind und daß hiefür das Bestehen der Prüfung und die vorgelegten Zeugnisse nicht ausreichten, zumal diese nur über eine sehr kurze Beschäftigungszeit lauteten. Dieser Auffassung schloß sich das Reichsgericht an. Der Geschäftsherr braucht zwar nur die im Verkehr erforderliche Sorgfalt bei der Auswahl des

Verrichtungsgehilfen anzuwenden; der Entlastungsbeweis hat sich aber auch darauf zu richten, daß selbst bei Anwendung dieser Sorgfalt der Schaden entstanden sein würde (nicht nur möglicherweise hätte eintreten können). Hätte die Beobachtung dieser Sorgfalt zur Auswahl eines Fahrers führen können, der durch seine gute und vorsichtige Fahrweise den Unfall vermieden haben würde, so scheiterte daran der Entlastungsbeweis. Das Berufungsgericht hatte angenommen, daß ein besonders guter Fahrer den Unfall vermieden hätte, indem er entweder das vorschriftswidrig hingelegte Holz weggeräumt hätte oder so langsam gefahren wäre, daß jede Gefahr ausgeschlossen war. Damit fiel der Entlastungsbeweis. (IV, 18. Februar 1939.)

Amtl. Sammlg. S. 312—315.

Vgl. Bd. 135 S. 155; JW. 1930 S. 3213.

48. Ehescheidung. Geistige Störung. Außergewöhnliche Härte. (EheG. §§ 50, 54, 56.) Eine auf Zerrüttung der Ehe durch Verschulden der Ehefrau gestützte Scheidungsklage wurde vom Landgericht abgewiesen. Im Berufungsverfahren ließ der Kläger das Scheidungsbegehren fallen und focht die Ehe wegen geistiger Störung der Frau zur Zeit der Eheschließung an. Nach Verkündung des neuen Ehegesetzes beantragte er neuerdings Scheidung. Die Klage drang nunmehr durch. Nach dem vorliegenden Sachverständigengutachten hatte die Frau im Jahr 1935 eine schwere geistige Störung durchgemacht, deren Anfang bis in den Sommer 1934 zurückreichte und die erst im Jahr 1936 allmählich abklang; für ihr Verhalten während dieser Zeit war sie zum mindesten nicht voll verantwortlich zu machen. Die Revision war der Meinung, daß § 50 EheG. eine zur Zeit der letzten Tatsachenverhandlung noch bestehende geistige Störung voraussetze und ein dadurch bedingtes Verhalten des Ehegatten, durch das die Ehe zerrüttet wurde. Das Reichsgericht erklärte, es komme nur darauf an, daß die tiefe Zerrüttung noch andauere, so daß die Wiederherstellung einer dem Wesen der Ehe entsprechenden Lebensgemeinschaft nicht erwartet werden könne, und daß diese Zerrüttung die Folge eines auf einer geistigen Störung beruhenden und nur deshalb nicht als Eheverfehlung zu betrachtenden ehewidrigen Verhaltens sei. Diese Voraussetzung hatte das Berufungsgericht einwandfrei festgestellt. Das Berufungsgericht hatte auch ohne Rechtsirrtum verneint, daß die Auflösung der Ehe die Beklagte außergewöhnlich hart treffen würde. Die Ehe hatte nur wenige Jahre bestanden; die Beklagte war erst 30 Jahre alt, also durch ihr Alter an der Schaffung einer neuen Lebensgrundlage nicht gehindert. Ausschlaggebend für die Aufrechterhaltung der Ehe konnte auch nicht sein, ob Vermögen der Frau, mit dem die Eheleute ein Geschäft gegründet hatten, verloren gegangen war. Für die Behauptung der Revision, daß der Kläger an der Erkrankung der Frau schuldig sei, fehlte jeder Anhalt. Daß der Kläger seine Frau manchmal hart angefahren hatte, erklärte der Sachverständige als eine Folge ihrer geistigen Störung, nicht als eine Ursache davon. (IV, 23. Februar 1939.)

Amtl. Sammlg. S. 315—319.

49. Delegierung. Verweisung. (ZPO. § 276; Österr. Jurisdiktionsnorm vom 1. August 1895.) Eine Klage auf Ehescheidung war beim Landgericht Reichenberg in Böhmen eingereicht, dem Beklagten aber nicht zugestellt worden. Die Klägerin beantragte, den Streit an das Landgericht Dresden zu delegieren. Das war nach dem österreichischen Recht, das in Böhmen in Geltung geblieben war, zulässig. Die deutsche Zivilprozeßordnung kennt eine Delegierung nicht; daher kann die Zuständigkeit eines im Gebiete des alten Reiches gelegenen Gerichtes auf diesem Wege nicht begründet werden, wie umgekehrt ein bei einem Gericht des alten Reiches anhängiger Rechtsstreit nicht an ein Gericht in Österreich verwiesen werden kann. (IV, 2. März 1939.)

Amtl. Sammlg. S. 319—320.

50. Gesellschaft mit beschränkter Haftung. Sacheinlage. Schadenersatz. Typischer Vertrag. Vertragsauslegung. Unzulässige Rechtsausübung. (GmbHG. §§ 2, 5, 24; BGB. §§ 133, 138, 157, 181, 242, 464.) Eine G. m. b. H. (K.) übernahm im Jahr 1936 eine Fabrik, die bisher von einem Kaufmann betrieben worden war. Sie bestellte zwei Angestellte des Kaufmanns, die schon bisher in der Fabrik tätig gewesen waren, zu kaufmännischen Leitern. Bald nachher wandelte sie das Unternehmen in eine selbständige G. m. b. H. (F.) um. Das Stammkapital betrug 150000 RM. Hiervon übernahm die G. m. b. H. (K.) 40000 RM., die beiden Leiter je 55000 RM. Die beiden Leiter waren vermögenslos, der eine von ihnen wiederholt wegen Vermögensvergehen bestraft. Die G. m. b. H. (K.) brachte die Fabrik in die G. m. b. H. (F.) ein; sie wurde mit 136000 RM. bewertet. Sofort nach der Beurkundung des Vertrags zahlten die beiden anderen Gesellschafter, die als Geschäftsführer bestellt worden waren, 96000 RM. bar an die G. m. b. H. (K.) aus. Am gleichen Tage meldeten sie die G. m. b. H. (F.) zum Handelsregister an; sie wurde alsbald eingetragen. Schon nach wenigen Wochen geriet die neue G. m. b. H. in Schwierigkeiten; es wurde das Konkursverfahren eröffnet. Der Konkursverwalter stellte fest, daß die beiden Geschäftsführer in der Zeit, da die Fabrik der G. m. b. H. (K.) gehörte und sie als deren kaufmännische Leiter bestellt waren, erhebliche Beträge veruntreut hatten; aus diesen stammten die 96000 RM., die sie der G. m. b. H. (K.) ausbezahlt hatten. Auf Grund dieses Sachverhalts verlangte der Konkursverwalter von der G. m. b. H. (K.) eine Zahlung von rund 115000 RM. mit der Begründung, die Vereinbarung über die Sacheinlage sei nichtig gewesen; sie habe also ihre Einlage mit 40000 RM. nachzuzahlen; es fehle auch an einem Rechtsgrunde für die Auszahlung der 96000 RM., so daß dieser Betrag nach den Grundsätzen der ungerechtfertigten Bereicherung an die Konkursmasse zurückzugewähren sei. Klagweise wurde zunächst ein Teilbetrag von 10000 RM. gefordert. Die beklagte G. m. b. H. (K.) verlangte Abweisung der Klage und erhob Widerklage auf Feststellung, daß dem Kläger keine Ansprüche gegen sie zuständen. Das Landgericht gab der Klage statt, erkannte aber von den vorgebrachten Klagegründen nur jene als durchgreifend an, die sich auf die Zahlung der 96000 RM. bezogen; demgemäß stellte es auf die Widerklage fest, daß dem Kläger gegen die Beklagte über den Betrag von 96000 RM. hinaus keine Ansprüche zuständen. Beide Teile legten Berufung ein. Das Berufungsgericht wies die Klage ab und verwarf die Berufung des Klägers. Auf dessen Revision wurde der Klage stattgegeben und zur Entscheidung über die Widerklage die Sache an das Berufungsgericht zurückverwiesen. Die Auslegung des Gesellschaftsvertrags unterlag der freien Nachprüfung des Reichsgerichts. Gründungsverträge einer G. m. b. H. sind an sich der Auslegung in gleicher Weise zugänglich wie andere gerichtliche oder notarielle Urkunden. Einer solchen Auslegung sind aber insofern engere Grenzen gezogen, als die Satzung einer G. m. b. H. für die Allgemeinheit, insbesondere für Gläubiger und zukünftige Gesellschafter bestimmt ist und deshalb die wesentlichen Erfordernisse der formbedürftigen Erklärung in der Urkunde selbst niedergelegt sein müssen. Demgemäß sind Nebenabreden und Deutungen, die für Außenstehende nicht erkennbar sind, nicht zugelassen worden. Soweit aber die Bestimmungen einer Satzung unklar und mehrdeutig sind, ist der Richter für eine notwendige Auslegung nicht auf solche Umstände beschränkt, die im Gesellschaftsvertrag oder im Handelsregister oder den zugehörigen Akten enthalten sind, sondern er hat alle Behelfe zur Klärung heranzuziehen. Im vorliegenden Falle waren beim Vertragsschluß die Gesellschafter unstreitig darüber einig, daß an die Beklagte ein Betrag von 96000 RM. herausgezahlt werden solle. Es handelte sich um eine gemischte Sacheinlage. Die Beklagte brachte ihre auf 136000 RM. gewertete Fabrik in die Gesellschaft ein. Der Gegenwert wurde belegt in der Höhe von 40000 RM. durch Einräumung einer gleich hohen gesellschaftlichen Beteiligung bei der G. m. b. H. (F.) und in Höhe des Überwertes von 96000 RM. durch bare Auszahlung. Letzteres war im Vertrag nicht ausdrücklich festgelegt; der Anspruch ergab sich aber im Wege der Auslegung. Es war allerdings nicht ausgeschlossen, daß die Beklagte außer der Beteiligung keine Gegenleistung verlangt hätte; für eine solche außergewöhnliche Absicht der Beklagten lag aber nichts vor. Im Gegenteil: die scharfe Betonung, die Gesellschafter seien sich darüber einig, daß die Sacheinlage mit 136000 RM. bewertet werde, die Beklagte beteilige sich aber an der Gründung nur mit 40000 RM., die auf ihre Einlage anzurechnen seien, sprach dafür, daß ihr wegen des Überwertes ein Anspruch auf Herauszahlung zustehen solle. Dieser Anspruch bestand der Beklagten gegenüber, in deren Eigentum die Fabrik überging, nicht etwa den beiden anderen Gesellschaftern gegenüber. Ob die schon vor der Anmeldung der Gesellschaft zum Handelsregister geschehene Auszahlung dem Gesetz entsprach, brauchte in diesem Zusammenhang nicht entschieden zu werden. Die Klage wurde weiter damit begründet, daß die Mitgesellschafter ihre Stammeinlagen nicht geleistet hätten und daß sie auch nicht beigetrieben werden könnten; nach § 24 GmbHG. habe die Beklagte den Fehlbetrag aufzubringen. Das Berufungsgericht hatte angenommen, die beiden Mitgesellschafter hätten den Betrag von 96000 RM. zunächst durch Geschäft mit sich selbst als Teil ihrer Stammeinlage in die in Entstehung begriffene G. m. b. H. (F.) einbezahlt und dann als Geschäftsführer dieser Gesellschaft mit Wirkung für diese an die Beklagte als Gegenleistung für den Überwert ihrer Sacheinlage ausbezahlt. Das Reichsgericht erklärte diese Auffassung für rechtlich haltbar; es sprach gegen sie aber ein tatsächliches Bedenken. Unstreitig hatten sich die beiden Gesellschafter die Mittel zur Einzahlung ihrer Stammeinlagen durch Veruntreuungen gegenüber der Beklagten verschafft. Das stand für einen Betrag von rund 62000 RM. fest; über die Herkunft der weiteren 34000 RM. waren keine Feststellungen getroffen. Die beiden Mitgesellschafter waren aber weder der Beklagten gegenüber, als deren Angestellte sie die Veruntreuungen begangen hatten, noch auch der G. m. b. H. (F.) gegenüber, als deren Geschäftsführer sie die mangelhafte Sacheinlage annahmen, berechtigt, sich dieser Beträge zur Leistung ihrer Stammeinlagen zu bedienen, sondern sie waren ihnen gegenüber verpflichtet, den Zustand herzustellen, der bestanden hätte, wenn sie die Untreuehandlungen nicht begangen hätten. Die Zahlung zum Zweck der Erfüllung der Einlagepflicht war also ein nichtiges Rechtsgeschäft, über dessen Sittenwidrigkeit sich die beiden Mitgesellschafter sowohl als Einzahler (in ihrer Eigenschaft als Gesellschafter) wie auch als Empfänger (in ihrer Eigenschaft als Geschäftsführer) im klaren waren. Die G. m. b. H. (F.) brauchte deshalb das Geschäft nicht gegen sich gelten zu lassen. Folglich hatten die beiden Mitgesellschafter ihre Einlagen zum Betrag von 62000 RM. nicht geleistet und hatte die Beklagte den Fehlbetrag aufzubringen, da er von den Mitgesellschaftern nicht beigetrieben werden konnte. Die Klage war also zum angeforderten Betrag begründet. — Hinsichtlich der Widerklage hatten die Untergerichte festgestellt, daß dem Kläger über den Betrag von 96000 RM. hinaus keine Ansprüche zustanden. Über die bis zu 96000 RM. gehenden Ansprüche hatten die Untergerichte keine Entscheidung gefällt und bestand daher auch für das Reichsgericht keine Veranlassung, dazu Stellung zu nehmen. Ansprüche, die 96000 RM. überstiegen, konnten aber als Gewährleistungsansprüche und als Ansprüche aus unerlaubter Handlung wegen Überbewertung der Sacheinlage in Betracht kommen. Die Vorschriften über Sachmängel beim Kauf finden auch auf Geschäftsunternehmen Anwendung. Um Mängel der Fabrik konnte es sich insbesondere handeln, wenn das Unternehmen mit den Erfüllungsverpflichtungen belastet war, für die sich die beiden Mitgesellschafter die von ihnen veruntreuten Beträge hatten auszahlen lassen. Nun hatten allerdings die Geschäftsführer der in der Entstehung begriffenen G. m. b. H. (F.) diese Mängel gekannt und der Gesellschaft standen an sich keine Gewährleistungsansprüche zu, weil sie durch ihre Geschäftsführer von den Mängeln Kenntnis hatte. Die Eigenart des Falles lag aber darin, daß die Geschäftsführer der G. m. b. H. (F.) gleichzeitig Bevollmächtigte der beklagten G. m. b. H. (K.) in dem dieser gehörigen Geschäftsunternehmen gewesen waren und darum Gelegenheit gehabt hatten, die Mängel des Unternehmens herbeizuführen. Das berührte aber an sich noch nicht das Verhältnis der G. m. b. H. (F.) zu der Beklagten, weil die Gesellschaft auch solche mißbräuchliche Handlungen gegenüber dritten Personen grundsätzlich gegen sich gelten lassen mußte. Es war auch mit Treu und Glauben nicht vereinbar, wenn die Beklagte sich auf den Ausschluß der Gewährleistungsansprüche berief, denn sie hatte es fahrlässigerweise dazu kommen lassen, daß eine Schädigung der G. m. b. H. (F.) durch Mißbrauch der Vertretungsmacht der Geschäftsführer überhaupt eintreten konnte. Sie hatte es zunächst an der erforderlichen Erkundigung nach der Persönlichkeit der, wie ihr bekannt war, vermögenslosen Mitgesellschafter fehlen lassen; sie hatte auch die Fabrik als gemischte Sacheinlage in die G. m. b. H. (F.) eingebracht, ohne dafür zu sorgen, daß sie nach ordnungsmäßigen kaufmännischen Grundsätzen geleitet wurde. Sie mußte sich also, wenn sie sich auf die vorbehaltlose Annahme der Fabrik durch die Geschäftsführer der G. m. b. H. (F.) berufen wollte, den Einwand unzulässiger Rechtsausübung gefallen lassen. Der Kläger hatte weiter geltend gemacht, daß die Fabrik bei weitem nicht den Wert gehabt habe, mit dem sie angeschlagen worden war. Das Berufungsgericht hatte hiezu keine tatsächlichen Feststellungen getroffen, weil kein Schutzgesetz im Sinne des § 823 BGB. bestehe, das eine Überbewertung von Sacheinlagen bei einer G. m. b. H. verbiete. Das ist allerdings richtig; die neuere Rechtsprechung steht aber auf dem Standpunkt, daß damit offensichtliche Überwertungen nicht für zulässig anerkannt sind, und daß das Registergericht berechtigt und verpflichtet ist, etwaigen Bedenken gegen die Bewertung von Sacheinlagen vor Eintragung einer G. m. b. H. nachzugehen. Unter dem Gesichtspunkt der von der heutigen Rechts- und Wirtschaftsauffassung verlangten Ehrlichkeit der Gründungsvorgänge muß unter gewissen Voraussetzungen auch ein Anspruch der Gesellschaft, besonders des Konkursverwalters einer in Vermögensverfall geratenen G. m. b. H., auf Ersatz gegen den Einbringer anerkannt werden. Es genügt allerdings nicht, daß die Schätzung der Sacheinlage unrichtig ist; sie muß so überhöht sein, daß sie entweder willkürlich oder doch nach kaufmännischen Grundsätzen nicht mehr vertretbar ist, auch muß der Einbringer zum mindesten grob fahrlässig gehandelt haben. Wollte man in solchen Fällen einen Ersatzanspruch der Gesellschaft verneinen, so würde das mit dem Grundsatz der Ehrlichkeit der Gründungsvorgänge, dem nach heutiger Rechtsauffassung weitgehend Geltung verschafft werden muß, nicht zu vereinbaren sein. (II, 25. Januar 1939.) Amtl. Sammlg. S. 321—337.

Vgl. Bd. 120 S. 28, 363; Bd. 125 S. 323; Bd. 131 S. 141;

Bd. 140 S. 303; Bd. 141 S. 204; Bd. 145 S. 311; Bd. 155 S. 211; JW. 1935 S. 2890; 1936 S. 919; 1937 S. 2272.

51. Haftpflichtversicherung. Vererblichkeit. Testamentsvollstreckung. (VersVertrG. §§ 6, 149; BGB. §§ 2205, 2211, 2212, 2213, 2216.) Der Fabrikant K. war gegen Haftpflicht versichert; der Versicherungsschutz erstreckte sich auf einen Kraftwagen als Privat- und Geschäftswagen. Nach seinem Tode wurde bei einer Fahrt mit diesem Wagen ein Mann tödlich verletzt. Seine Hinterbliebenen klagten gegen die Firma K., Inhaberin Frau K., auf Schadenersatz. Die Klage drang durch. Als die Erben des K., zu denen auch die Witwe gehörte, Versicherungsschutz verlangten, lehnte die Versicherungsgesellschaft diesen mit der Begründung ab, daß der Testamentsvollstrecker es pflichtwidrig unterlassen habe, alles zu tun, was zur Klärung des Tatbestandes und zur Minderung des Schadens hätte beitragen können. Der von den Erben gegen die Versicherungsgesellschaft erhobenen Klage trat der Testamentsvollstrecker als Streitgehilfe bei. Das Berufungsgericht wies die Klage ab. Die Revision der Erben und des Testamentsvollstreckers führte zur Zurückverweisung. Ein Übergang des Versicherungsverhältnisses ist schon bei der Sachschadenversicherung nicht selbstverständlich; er kann durch den Versicherungsvertrag ausdrücklich oder stillschweigend ausgeschlossen werden. Bei der Haftpflichtversicherung bedarf die Frage des erbweisen Übergangs besonderer Prüfung. Grundsätzliche Bedenken stehen nicht entgegen. Maßgebend ist der durch Auslegung zu ermittelnde Vertragswille, die Natur des versicherten Gefahrenbereichs und der Beziehungen des Erblassers wie der Erben zu diesem Bereich. Ist die Haftpflichtversicherung inhaltlich an den Besitz oder den Betrieb von Sachen (wie bei einem Kraftwagen) geknüpft, so steht nichts im Wege, den Versicherungsvertrag dahin auszulegen, daß das Versicherungsverhältnis auf die Erben übergehen soll, wenn und soweit sie in die den Gefahrenbereich umschließende Stellung des Erblassers zu der Sache eintreten. In den allgemeinen Versicherungsbedingungen war bestimmt, daß alle für den Versicherungsnehmer geltenden Vorschriften auf dessen Rechtsnachfolger entsprechende Anwendung finden sollten. Hiernach war davon auszugehen, daß im angegebenen Abmaß das Rechtsverhältnis auf die Erben überging. Diese konnten also, wenn sie aus einem in den versicherten Gefahrenbereich fallenden Ereignis in Anspruch genommen wurden, Versicherungsschutz verlangen. Zum Nachlaß gehören an sich nur solche Rechte und Pflichten, die schon vor dem Erbfall entstanden sind. Eine besondere Rechtslage kann sich ergeben, wenn der Gegenstand, an dessen Besitz oder Betrieb die Haftpflichtversicherung geknüpft ist, zu einem Nachlaß gehört, der eine gesonderte Vermögensmasse darstellt, insbesondere von dem sonstigen Erbenvermögen gesondert verwaltet wird. Dann ist es denkbar, diesen Nachlaß als Träger des Haftpflichtversicherungsverhältnisses anzusehen, so daß der Verwalter des Nachlasses (im gegebenen Falle der Testamentsvollstrecker) in die Rechte und Pflichten aus dem Versicherungsverhältnis eintritt. In einem solchen Falle hätten sich Ansprüche, die sich aus dem Betrieb eines zum Nachlaß gehörigen Kraftwagens ergeben, gegen den Testamentsvollstrecker zu richten; dieser könnte dann auch den Versicherungsschutz in Anspruch nehmen. Wird nicht der Testamentsvollstrecker, sondern werden die Erben als Halter eines zum Nachlaß gehörigen Kraftwagens in Anspruch genommen, so ist es eine in dem Schadensprozeß auszutragende Frage, ob sie einwenden können, nicht sie, sondern der Testamentsvollstrecker sei als Halter anzusehen. Für die Entstehung des Anspruchs auf Versicherungsschutz genügt aber, wenn ein Anspruch erhoben wird, der mit einem in den Schutzbereich fallenden Rechtsverhältnis begründet wird. Es handelt sich darum, wessen Vermögen durch den Anspruch bedroht wird, ob nur jenes des Erblassers (der Nachlaß) oder jenes eines oder mehrerer oder aller Erben. Richtet sich der Anspruch gegen den Erben nicht nur als Inhaber des Nachlasses, sondern gegen sein Gesamtvermögen, dann kann der Anspruch auf Versicherungsschutz nicht nur dem Testamentsvollstrecker als Verwalter des Nachlasses zustehen. Im vorliegenden Falle war die Witwe des Erblassers als Inhaberin der Firma verklagt und verurteilt worden. Ob sie Alleininhaberin der Firma geworden oder ob diese auf alle Erben übergegangen war, hatten die Untergerichte nicht festgestellt; der Anspruch richtete sich aber nicht nur gegen den Nachlaß, sondern gegen das ganze Vermögen der Beklagten. Ihr stand demgemäß der Anspruch auf Versicherungsschutz zu, nicht dem Testamentsvollstrecker. Dann konnte dieser aber auch nicht mit einer den Versicherungsanspruch der Erben berührenden Wirkung eine Verletzung von Obliegenheiten begehen, die nach Eintritt des Versicherungsfalles dem Versicherer gegenüber zu erfüllen waren. (VII, 3. Februar 1939.)

Amtl. Sammlg. S. 337—353.

52. Ehescheidung. Bösliche Verlassung. (BGB. § 1567;

EheG. § 49.) Eheleute hatten sich im September 1934 getrennt. Im Jahr 1936 klagte der Ehemann auf Wiederherstellung der ehelichen Gemeinschaft. Die Klage drang durch; die Frau leistete aber dem Urteil keine Folge. Auf weitere Klage des Ehemanns wurde die Ehe im ersten Rechtszug aus Alleinverschulden der Frau geschieden. Auf ihre Berufung wurde die Klage abgewiesen. Das Reichsgericht verwies die Sache zurück. Das Berufungsgericht hatte festgestellt, daß dem Kläger der ernstliche Wille zur Wiederherstellung der ehelichen Gemeinschaft mit der Beklagten gefehlt habe; demnach hatte es eine sittliche Rechtfertigung des Scheidungsbegehrens verneint. Nach § 49 EheG. war aber nur zu prüfen, ob die Beklagte durch ihr Fernbleiben die Ehe schuldhaft so tief zerrüttet hatte, daß die Wiederherstellung einer dem Wesen der Ehe entsprechenden Lebensgemeinschaft nicht erwartet werden konnte. Der Richter hat ohne Bindung an starre Fristen nach freiem Ermessen zu entscheiden, ob in dem Fernbleiben der Frau sowie nach seiner Wirkung auf die Gestaltung der Ehe eine die Scheidung rechtfertigende schwere Eheverfehlung zu erblicken war. Die Frage, ob das Scheidungsbegehren sittlich gerechtfertigt ist, kann nur dann aufgeworfen werden, wenn der Kläger selbst eine Verfehlung begangen hat. Allerdings kann die Verletzung der Pflicht zur ehelichen Gemeinschaft auch nach neuem Recht nur dann einen Scheidungsgrund bilden, wenn der andere Ehegatte selbst den Willen zur Herstellung der ehelichen Gemeinschaft hat, wenn also das Fernbleiben gegen seinen Willen erfolgt. Bösliche Absicht des zur Herstellung der ehelichen Gemeinschaft verurteilten Ehegatten konnte nach bisherigem Recht unter dem Gesichtspunkt ausgeschlossen erscheinen, daß er noch innerhalb Jahresfrist seit der Rechtskraft des Urteils durch das neuerliche Verhalten des anderen Teils in den guten Glauben versetzt worden war, dessen Rückkehrverlangen sei nicht ernst gemeint gewesen. Da nach neuem Recht die Jahresfrist keine Rolle mehr spielt, kann die vom Richter vorzunehmende freie Würdigung des Sachverhalts ergeben, daß die Ehe schon durch ein unberechtigtes und schuldhaftes Fernbleiben von kürzerer Dauer unheilbar zerrüttet worden ist. In diesem Falle konnten aus einem späteren Verhalten des Ehemanns keine Rückschlüsse mehr in der Richtung gezogen werden, daß ihm schon alsbald nach Erlaß des Urteils der ernstliche Wille zur Wiederherstellung der Lebensgemeinschaft gefehlt habe. (IV, 16. Februar 1939.)

Amtl. Sammlg. S. 353—356.

53. Prozeßgebühr. Armenrecht. Urteil nach Aktenlage. Versäumnisurteil. Revision. (ZPO. §§ 330, 331a, 511, 519b, 542, 546, 547.) Der Beklagte hatte Berufung eingelegt und sie gehörig begründet. Vor Ablauf der Frist für den Nachweis der Gebührenzahlung wurde ihm das Armenrecht für den zweiten Rechtsgang bewilligt, nach Beweisaufnahme wurde es ihm wieder entzogen. Durch Verfügung vom 20. Mai 1938 wurde ihm von neuem aufgegeben, die Einzahlung der Prozeßgebühr bis zum 4. Juni nachzuweisen. Die Verfügung wurde dem Beklagten am 23. Mai zugestellt. Am 20. Mai hatte er wiederholt um Bewilligung des Armenrechts nachgesucht; das Gesuch wurde am 28. Mai abgelehnt. Die Einzahlung der Prozeßgebühr wurde nicht nachgewiesen. Im Termin vom 8. Juni war der Beklagte nicht vertreten. Der Kläger beantragte, die Berufung als unzulässig zu verwerfen, hilfweise, sie durch Versäumnisurteil zurückzuweisen. Das Berufungsgericht entsprach dem Hauptantrage. Die Revision führte zur Zurückverweisung. Da es sich um die Frage der Unzulässigkeit der Berufung handelte, war die Revision ohne Rücksicht auf die Revisionssumme zulässig. Das Urteil war nicht als Versäumnisurteil bezeichnet; es war eine nach Lage der Akten getroffene Entscheidung, die mit Revision angefochten werden konnte. Daß das Berufungsgericht kein Versäumnisurteil erlassen wollte, ergab sich auch daraus, daß in den Entscheidungsgründen die Säumnis des Beklagten nicht als tragender Grund für die Verwerfung der Berufung angeführt war. Daß nicht ausdrücklich eine Entscheidung nach Lage der Akten beantragt worden war, machte nichts aus; der Antrag, die Berufung als unzulässig zu verwerfen, stützte sich eben auf den aktenmäßigen Vorgang bei Anforderung der Prozeßgebühr. Die Vorschrift, daß ein Urteil nach Aktenlage nur ergehen darf, wenn in einem früheren Termin mündlich verhandelt worden ist, paßt nicht auf die Verwerfung einer als unzulässig erkannten Berufung; hiefür bedarf es einer mündlichen Verhandlung und folglich auch einer früheren mündlichen Verhandlung nur, wenn das Gericht sie nach freiem Ermessen für angezeigt erachtet. Die Revision war auch sachlich begründet. Nach Entziehung des Armenrechts war dem Beklagten eine neue Frist für den Nachweis der Einzahlung der Prozeßgebühr zu setzen. Bei Verkündung des angefochtenen Urteils war die Frist noch nicht abgelaufen. Bei der Anwendung des Grundsatzes, daß im allgemeinen von mehreren Armenrechtsgesuchen nur das erste fristhemmend wirkt, hatte das Berufungsgericht über-

sehen, daß ein vor Bestimmung der maßgebenden Frist schon erledigtes Gesuch nicht zählt. Das vom Beklagten am 20. Mai eingereichte Gesuch war also im Rechtssinne das erste, das für die am gleichen Tage verfügte neue und selbständige Nachweisfrist in Betracht kam. Daß bei Zustellung dieser Fristverfügung das neue Armenrechtsgesuch schon vorlag, bewirkte nur den Aufschub des Fristbeginns bis zum Ablauf von zwei Wochen nach Zustellung des auf dieses Gesuch ergehenden Beschlusses. Der ablehnende Beschluß wurde dem Beklagten am 28. Mai zugestellt. Bei Schluß der Berufungsverhandlung am 8. Juni hatte also die am 20. Mai gesetzte Frist, die auf 12 Tage bemessen worden war, noch nicht einmal zu laufen begonnen. (V, 23. Februar 1939.) Amtl. Sammlg. S. 357—363.
Vgl. Bd. 50 S. 384; Bd. 96 S. 9; Bd. 117 S. 136; Bd. 132 S. 353; Bd. 140 S. 77; Bd. 151 S. 257; RAG. Bd. 14 S. 16; JW. 1936 S. 2457.

54. Allgemeine Gütergemeinschaft. Generalvollmacht. Mißbrauch. (BGB. §§ 164, 1446.) Eine Frau, die mit ihrem Manne in allgemeiner Gütergemeinschaft lebte, erteilte diesem Generalvollmacht zu ihrer Vertretung. Er machte zwei unehelichen Kindern ein bedeutendes Schenkungsversprechen und erklärte dazu in Vollmacht seiner Ehefrau deren Zustimmung. Nach seinem Tode klagte das eine der beiden Kinder auf Erfüllung des Versprechens. Die Klage drang durch. An sich bedurfte der Ehemann zu der Schenkung die Einwilligung seiner Frau. Ohne diese Einwilligung war das Schenkungsversprechen im ganzen Umfang unwirksam, begründete auch keine persönliche Schuld des Schenkers. Es fragte sich also, ob der Schenker auf Grund der ihm erteilten Vollmacht die Zustimmung wirksam erteilen konnte. Das Reichsgericht bejahte die Frage. Den Umfang einer Vollmacht bestimmt allein der Wille des Vollmachtgebers. Da es zulässig ist, daß jemand einem anderen Generalvollmacht mit der Wirkung erteilt, daß der Bevollmächtigte mit Wirkung gegen das gesamte Vermögen des Vollmachtgebers handeln kann, ist nicht einzusehen, warum nicht eine Ehefrau ihrem Manne sollte Generalvollmacht erteilen können, so daß er, ohne ihre Zustimmung im Einzelfall einholen zu müssen, über das Gesamtgut verfügen oder es mit Verbindlichkeiten belasten kann. Es ist allerdings streitig, ob eine Ehefrau die dem Manne für Schenkungen auferlegten Beschränkungen in der Form des Ehevertrags beseitigen kann; zwischen einem Ehevertrag und einer Vollmacht bestehen aber grundlegende Unterschiede. Befreit der Ehevertrag den Mann vom Erfordernis der Einwilligung seiner Frau zu Schenkungen, so kann er seine erweiterte Befugnis nach Maßgabe seiner eigenen Belange ausnutzen und ist der Frau für den Gebrauch, den er davon macht, nicht verantwortlich. Bei der Vollmacht muß aber der Mann in erster Reihe auf die Belange der Frau Rücksicht nehmen und ist darüber der Frau Rechenschaft schuldig; die Frau kann auch die Vollmacht jederzeit widerrufen. In dem Verhalten des Schenkers war ein Mißbrauch der ihm erteilten Vollmacht zu erblicken, da die Belastung des Gesamtgutes, das doch beiden Ehegatten gehörte, mit einer großen Schenkungsschuld nicht in Einklang mit der Pflicht zu einer ordnungsmäßigen Verwaltung des Gesamtgutes stand. Der Klage stand aber dieser Umstand nicht entgegen, da gegen den, der durch Mißbrauch einer Vollmacht Rechte erworben hat, Einwendungen aus dem Mißbrauch nur erhoben werden können, wenn er ihn erkannt hat oder hätte erkennen müssen. Die Beweisaufnahme hatte aber ergeben, daß die Mutter der Klägerin, die zur Zeit der Schenkung gesetzliche Vertreterin ihrer Kinder war, gutgläubig annahm, die Ehefrau des Schenkers wisse von dessen Verhältnis zu ihr und sei mit der Schenkung einverstanden. Ob er sie in dieser Hinsicht getäuscht hatte, war ohne Belang, ebenso, ob er die Vollmacht durch unwahre Angaben gegenüber seiner Ehefrau erschlichen hatte. (IV, 2. März 1939.)

Amtl. Sammlg. S. 363—369.

55. Erloschenes Gebrauchsmuster. Übergangsrecht. Gesetzesauslegung. (GebrMG. §§ 8, 24.) Wegen Verletzung eines Gebrauchsmusters wurde auf Schadenersatz geklagt. Das Gebrauchsmuster war schon vor Erhebung der Klage erloschen. Das Landgericht hatte der Klage stattgegeben. Während des Berufungsverfahrens stellte das Patentamt fest, daß durch die Eintragung des Gebrauchsmusters kein Schutzrecht begründet worden sei, weil es der erfinderischen Höhe ermangelt habe. Das Berufungsgericht wies die Klage ab. Die Revision der Klägerin hatte keinen Erfolg. Dem Beschluß des Patentamts kam für die Entscheidung des Rechtsstreits keine Bedeutung zu, weil für eine Entscheidung des Patentamts kein Raum war. Das Gebrauchsmuster war schon erloschen, ehe das neue Gebrauchsmusterschutzgesetz vom 5. Mai 1936 in Kraft trat. Der Auffassung des Reichspatentamts, daß hieraus kein Bedenken gegen die Anwendbarkeit der neuen Bestimmungen hergeleitet werden könne, trat das Reichsgericht nicht bei. § 24 Abs. 1

GebrMG. bestimmt, daß die Rechtsverhältnisse der vor dem Inkrafttreten des Gesetzes eingetragenen Gebrauchsmuster sich nach den Vorschriften des neuen Gesetzes regeln sollen, soweit nichts anderes bestimmt ist. § 24 Abs. 2 erklärt einzelne Vorschriften des Gesetzes für nicht anwendbar auf die zur Zeit des Inkrafttretens des Gesetzes bestehenden Gebrauchsmuster. Darnach hat es den Anschein, als ob das Gesetz zwischen den vor dem Inkrafttreten des Gesetzes eingetragenen und den in diesem Zeitpunkt noch bestehenden Gebrauchsmustern unterscheide und unter den eingetragenen Gebrauchsmustern auch die schon erloschenen mitverstehe. Das kann aber nicht der Sinn des Gesetzes sein. Es ergäbe sich der auffällige Rechtszustand, daß dem Gesetz die nach seinem Inkrafttreten begründeten Schutzrechte und die vor diesem Zeitpunkt schon erloschenen Rechte unterstellt würden, während es auf die noch in Kraft befindlichen, vorher eingetragenen Schutzrechte nur mit Ausnahmen Anwendung finden sollte. Für die Entscheidung des Patentamts über die Schutzfähigkeit des schon erloschenen Rechts fehlten also die gesetzlichen Voraussetzungen. (I, 17. Februar 1939.)

Amtl. Sammlg. S. 369—374.
Vgl. Bd. 50 S. 65.

56. Filmgeschäft. Zumutbarkeit. (BGB. §§ 157, 242.) Eine Filmverleihgesellschaft übertrug einer Filmherstellungsgesellschaft die Lieferung zweier miteinander in Zusammenhang stehender Filme (A. und B.). Für den Film B. wurde ein Aufwand von 350000 RM. vereinbart, für den Film A. ein solcher von 374000 RM. Beide Filme sollten bis zum 25. Dezember 1935 fertiggestellt werden. Zunächst wurde der Film B. in Angriff genommen. Seine Herstellung verzögerte sich um mehrere Monate; sie erforderte auch weit höhere Mittel, als vorgesehen war. Darauf lehnte die Gesellschaft die Herstellung des Filmes A. ab. Die Klage auf Schadenersatz wurde in zwei Rechtszügen als dem Grunde nach gerechtfertigt anerkannt. Das Reichsgericht wies sie ab. Wie der Vertrag rechtlich zu beurteilen war, blieb dahingestellt; jedenfalls war er ein gegenseitiger Vertrag, auf dessen Auslegung wie auch auf die beiderseitigen Leistungen die Grundsätze von Treu und Glauben Anwendung fanden. Die Regie beider Filme sollte in der Hand des Spielleiters H. liegen. Die Verzögerung und Verteuerung des Filmes B. hatte ohne Verschulden der beklagten Gesellschaft so schwere Meinungsverschiedenheiten zwischen ihr und H. zur Folge gehabt, daß ein vertrauensvolles weiteres Zusammenarbeiten ausgeschlossen war. Ob die beklagte Gesellschaft verpflichtet gewesen wäre, einen anderen Spielleiter zu besorgen, erklärte das Reichsgericht für zweifelhaft; durch eine Erklärung des Präsidenten der Reichsfilmkammer war festgestellt, daß in der Zeit vom November 1935 bis März 1936 ein gleichwertiger Spielleiter nicht zur Verfügung stand. Das Berufungsgericht hatte angenommen, daß Verhandlungen mit dem nicht zu den zünftigen Spielleitern gehörigen Schauspieler W. hätten eingeleitet werden sollen. Es stand aber fest, daß der Hauptdarsteller des Filmes A. abgelehnt hatte, mit W. zusammenzuarbeiten. Der vom Berufungsgericht aufgestellte Grundsatz, daß bei Unvereinbarkeit der Persönlichkeit des Spielleiters und des Hauptdarstellers auf den Hauptdarsteller verzichtet werden müsse, wurde vom Reichsgericht nicht anerkannt. Mit dem Hauptdarsteller war auch schon fest abgeschlossen worden, so daß die beklagte Gesellschaft, wenn sie auf ihn verzichtet hätte, eine Klage wegen Vertragsbruch hätte gewärtigen müssen. Unter solchen Umständen war die Herstellung des Films A. für sie, wenn auch nicht schlechthin unmöglich, so doch aus Gründen der Spielleitung nicht mehr zumutbar. Zu dem gleichen Ergebnis führte die Nachprüfung des Berufungsurteils hinsichtlich der Frage der Herstellungskosten. Die Auffassung, daß die im Vertrag genannten Summen nur Mindestbeträge gewesen seien, erklärte das Reichsgericht für unvereinbar mit den Grundsätzen von Treu und Glauben; wenn auch mit einem gewissen Spielraum nach oben und unten gerechnet werden durfte, so bildeten die Beträge doch den maßgebenden Anhalt für die Aufwendungen. Den durch H. verursachten Mehraufwand beim Film B. mußte die Beklagte hinnehmen; sie konnte, als sich gegen Ende der Arbeit die Verteuerung erwies, nicht alles bis dahin Geschaffene preisgeben. Ihr nunmehr aber auch noch die Herstellung des zweiten Films mit dem im Vertrag vorgesehenen Aufwand anzusinnen, stand mit den Grundsätzen einer nach Treu und Glauben vorzunehmenden Vertragsauslegung und Leistungsbemessung nicht in Einklang. (VII, 28. Februar 1939.) Amtl. Sammlg. S. 374—379.

57. Goldmarkhypothek. Reichsmarkhypothek. Umwandlung. Gesetzesauslegung. (BGB. §§ 1113, 1115; GBO. §§ 19, 28, 79.) Eine Grundschuld von 8000 GM. sollte in eine Hypothek für 8000 RM. umgewandelt werden. Das Grundbuchamt verlangte die Zustimmung des Gläubigers der nachfolgenden Hypothek. Erinnerung und Beschwerde des Grundstückeigentümers hatten keinen Erfolg. Das Kammergericht wollte der weiteren Beschwerde stattgeben, legte aber wegen eines entgegenstehenden Beschlusses des Reichsgerichts diesem die Sache zur Entscheidung vor. Das Reichsgericht trat der Auffassung des Kammergerichts bei. Die wertbeständigen Hypotheken stellen eine durch die Folgen der Geldentwertung bedingte Durchbrechung des Grundsatzes dar, daß im Grundbuch einzutragende Geldbeträge in Reichswährung einzutragen sind. Sie verstoßen auch gegen den das Grundbuchrecht beherrschenden Bestimmtheitsgrundsatz insofern, als das Maß der Belastung nicht ohne weiteres aus der Eintragung ersichtlich ist, sondern erst durch Umrechnung an einem zunächst noch ungewissen Zeitpunkt ermittelt werden muß. Die Verhältnisse, die zur Anerkennung dieses Notrechts geführt haben, sind im Laufe der Zeit von Grund aus geändert worden. Im Gegensatz zu den in anderen Ländern vorgenommenen Abwertungen ist die Reichsmark fest geblieben. Seit dem Jahre 1933 ist die deutsche Staatsführung mit Erfolg bestrebt, in der deutschen Volkswirtschaft feste und sichere Verhältnisse zu schaffen. Unter diesen Umständen ist das Bedürfnis für die weitere Vereinbarung von Wertbeständigkeitsklauseln zu verneinen. Eine Reihe von Gesetzen zielt darauf hin, der Reichsmark zur allein maßgebenden Stellung im deutschen Wirtschaftsleben zu verhelfen (RG. vom 12. März 1931 über Hypotheken ausländischer Währung; Roggenschuldgesetz vom 16. Mai 1934; RG. vom 26. August 1938 über Umwandlung inländischer Fremdwährungsversicherungen). Immerhin hat der Gesetzgeber bisher davon Abstand genommen, die rechtmäßig begründeten Goldmarkverpflichtungen einfach in Reichsmarkverpflichtungen umzuwandeln. Allein auch die das Liegenschaftsrecht beherrschenden Normen sind nicht starre Regeln, die um ihrer selbst willen da sind, sondern sie sind dazu bestimmt, den Rechtsbedürfnissen des Volkes zu dienen. Eine Regelung, die diesen Bedürfnissen gerecht wird, darf nicht an einem formalrechtlich begründeten Widerspruch scheitern, wenn diesem die innere Berechtigung fehlt. Eine Goldmark ist die Bezeichnung für den amtlich festgestellten Preis von $^1/_{2790}$ kg Feingold. Als solcher gilt der im Reichsanzeiger bekanntgegebene Londoner Goldpreis. Die Umrechnung in die deutsche Währung geschieht nach dem Berliner Börsenkurs des englischen Pfundes (VO. vom 29. Juni 1923, RGBl. I S. 482, VO. vom 10. Oktober 1931, RGBl. I S. 569). Nach dem Reichsmünzgesetz vom 30. August 1924 (RGBl. II S. 254) ist eine

Reichsmark ebenfalls gleich $^1/_{2790}$ kg Feingold; ihr Wert bestimmt sich aber nicht schlechthin nach diesem Satz, sondern nach dem Kurswert. Gleichheit des Wertes der Reichsmark und der Goldmark besteht, wenn der Preis für ein Gramm Feingold 2,79 RM. beträgt. Seit Jahren halten sich die Umrechnungskurse nur in geringem Abstand hiervon; es handelt sich um unbedeutende Schwankungen. Die Hinzufügung der Reichsmarkklausel zu einer Goldmarkklausel bei einer Hypothek wirkt nur zum Nachteil der nachstehenden Berechtigten, weil der Gläubiger in der Lage ist, jeweils die ihm günstigere Berechnung zu wählen; der Ersatz einer Goldmarkhypothek durch eine Reichsmarkhypothek kann sowohl zugunsten wie zuungunsten des Gläubigers oder der nachstehenden Berechtigten ausschlagen. Bei dieser Sachlage darf die praktisch kaum wirksam werdende Möglichkeit einer Benachteiligung der nachstehenden Berechtigten der im allgemeinen Interesse erwünschten Umwandlung einer Goldmarkgrundschuld in eine Reichsmarkhypothek nicht entgegenstehen. Die Einwilligung der nachstehenden Berechtigten ist also nicht erforderlich. (V, 2. März 1939.)

Amtl. Sammlg. S. 379—384.
Vgl. Bd. 135 S. 142; Bd. 143 S. 424.

58. Befreite Vorerbschaft. Unentgeltliche Verfügung. Vollstreckungsgegenklage. (PrALR. I 12 §§ 468, 469; BGB. § 2113; ZPO. §§ 767, 768.) In einem unter der Herrschaft des preußischen allgemeinen Landrechts errichteten Testament hatte ein Ehemann seine Frau als Vorerbin, die drei Kinder als Nacherben eingesetzt; die Kinder sollten nur erhalten, was bei dem Tode der Witwe vom Nachlaß noch vorhanden sein würde. Der Mann starb im Jahr 1895; die Witwe trat die Erbschaft an. Zum Nachlaß gehörte ein Grundstück. Im Grundbuch wurde beim Eintrag des Eigentums der Witwe vermerkt, daß sie über das Grundstück nicht von Todeswegen und nicht zu Schenkungen verfügen dürfe. Im Jahr 1930 bestellte die Witwe für ein Darlehen von 12000 GM. eine Hypothek auf dem Grundstück und unterwarf sich der sofortigen Zwangsvollstreckung. In Wirklichkeit hatte sie die Hypothek aufgenommen, um ihrem Enkel T. Kredit zu verschaffen. Im Jahr 1937 starb sie. Als Erben waren ihre Tochter A., ihr Sohn W. und ihr Enkel T. berufen. A. schlug die Erbschaft nach der Mutter, T. die Erbschaft nach den beiden Großeltern aus. Die Nacherbschaft nach dem Vater fiel an die Tochter A. und an den Sohn W. Als der Hypothekgläubiger die Vollstreckung in das Grundstück betrieb, klagte die Tochter A. mit dem Antrag, die Vollstreckung für unzulässig zu erklären. In zwei Rechtszügen drang die Klage durch. Das Reichsgericht verwies die Sache zurück. Eine Ausfertigung der vollstreckbaren Schuldurkunde war den Beklagten zur Vollstreckung sowohl in das mit der Hypothek belastete Grundstück als auch in das übrige Vermögen der beiden Erben erteilt worden. Soweit damit der persönliche Schuldtitel gegen die Klägerin umgeschrieben worden war, hatte schon das Berufungsgericht die Zwangsvollstreckung für unzulässig erklärt, weil die Klägerin die Erbschaft nach ihrer Mutter ausgeschlagen hatte. Der während des Verfahrens erklärte Verzicht des Beklagten auf Vollstreckung in das persönliche Vermögen der Klägerin stand dem nicht entgegen, weil er eine unbeschränkte Vollstreckung nicht gehindert hätte. Die Vollstreckung in das belastete Grundstück sollte die Klägerin als dingliche Schuldnerin dulden. Sie war zusammen mit ihrem Bruder in ungeteilter Erbgemeinschaft Eigentümerin des zum Nachlaß ihres Vaters gehörigen Grundstücks; die Hypothek war aber nicht vom Erblasser (dem Vater), sondern von der Vorerbin auf das Grundstück gelegt worden. Die Voraussetzung für die Umschreibung des dinglichen Schuldtitels war also nach §§ 326, 728, 768 ZPO. nur gegeben, wenn die Vorerbin befugt war, die Hypothek ohne Zustimmung der Nacherben zu bestellen. Die Frage war nach preußischem Landrecht zu beurteilen. Nach diesem kann der Vorerbe durch Schenkungen, die auf bloßer Freigebigkeit beruhen, das Recht der Nacherben nicht vereiteln. Das gilt auch dann, wenn die Nacherbfolge sich nur auf das erstrecken soll, was beim Eintritt der Nacherbfolge noch übrig ist. Unentgeltliche Verfügungen des Vorerben sind, soweit sie das Recht des Nacherben vereiteln würden, bei Eintritt der Nacherbfolge dergestalt unwirksam, daß der durch die Verfügung Begünstigte, falls die Verfügungsbeschränkung des Vorerben ihm bekannt oder aus dem Grundbuch ersichtlich war, das ihm eingeräumte Recht nicht gegen die Nacherben geltend machen kann. Ob die Vorerbin unentgeltlich über einen Nachlaßgegenstand verfügt hat, hängt davon ab, ob dem Nachlaß eine entsprechende Gegenleistung zugeflossen ist. Ein Gegenwert, der nicht in die Nachlaßmasse, sondern in das freie Vermögen eines Nacherben gelangt, kommt hiefür nicht in Betracht. Im Ergebnis steht eine Verfügung des Vorerben, für die ein Entgelt an einen Nacherben geleistet wird, einer unentgeltlichen Verfügung des Vorerben aus dem Nachlaß an den Nacherben gleich. Eine Zuwendung, für die der Leistende keine Gegenleistung erhält, wird nicht dadurch entgeltlich, daß sie in dem irrigen Glauben an eine Gegenleistung bewirkt wird; ein nicht vorhandenes Entgelt wird durch den Glauben der Beteiligten an ein Entgelt nicht ersetzt. Was der Beklagte gegeben hatte, war nicht dem Nachlaß, sondern dem Nacherben T. zugute gekommen; dieser sollte das Geld in Anrechnung auf seinen Erbteil behalten. Die Ausschlagung der Erbschaft durch T. stand mit der Hypothekbestellung in keinem Zusammenhang und stellte darum keine Gegenleistung für sie dar. Die von der Vorerbin eingegangene persönliche Verpflichtung belastete die Nachlaßmasse und wurde in die Form eines Darlehnsgeschäfts der Vorerbin nur gekleidet, um die Unentgeltlichkeit der Hypothekbestellung zu verdecken; in Wirklichkeit übernahm die Vorerbin damit eine Schuld des T. Wenn dieser das Geld nach Übereinkommen mit der Vorerbin in Anrechnung auf seinen Anteil an der Nacherbschaft erhielt, konnte damit zugunsten der übrigen Nacherben eine Ausgleichungspflicht des T. bedungen worden sein, die die Belastung des Nachlasses durch die Hypothekbestellung aufwog. Die Ausschlagung konnte als Erfüllung der Ausgleichungspflicht gemeint sein und in diesem Sinne auch wirken. In diesem Falle wäre also die Hypothekeintragung, soweit Darlehen und Nacherbteilswert sich deckten, als von vornherein entgeltlich anzusehen gewesen. Aber auch wenn die Hypothekbestellung eine unentgeltliche Verfügung darstellte, blieb die Frage noch offen, ob sie angesichts der Ausschlagung der Nacherbschaft durch T. das Recht der Nacherben vereitelte oder beeinträchtigte. Das Berufungsgericht hatte eine solche Beeinträchtigung schon in der Belastung des Nachlaßgrundstücks gefunden und es für unerheblich erklärt, ob infolge der Ausschlagung die Belastung wieder ausgeglichen wurde. Diese Auffassung erklärte das Reichsgericht für unrichtig. Bei befreiter Vorerbschaft haben die Nacherben kein Recht auf Freihaltung der Nachlaßgegenstände von Belastungen. Ob ihr Nacherbenrecht durch eine unentgeltliche Verfügung beeinträchtigt wird, bestimmt sich (anders als bei der Würdigung der Unentgeltlichkeit, für die der Zeitpunkt der Vornahme der Verfügung maßgebend ist) nach der Lage bei Eintritt des Erbfalles. Auf diesen Zeitpunkt wirkte die Ausschlagung der Nacherbschaft durch T. zurück. Sie hatte die Wirkung, daß die Nacherben je die Hälfte des Grundstücks statt je ein Drittel erhielten. Dieser durch die Ausschlagung für die Klägerin geschaffene Vorteil mußte bei der Entscheidung des Rechtsstreits nur dann außer Betracht bleiben, wenn sich zwischen ihm und der Belastung des Grundstücks keine rechtlich beachtliche Beziehung feststellen ließe. Das war noch zu prüfen. (V, 6. März 1939.)

Amtl. Sammlg. S. 385—395.

Vgl. Bd. 105 S. 246; Bd. 125 S. 242; Bd. 134 S. 156; Bd. 148 S. 385.

59. Erbhof. Belastung. (RErbhG. § 37; ErbhRVO. § 26.) Auf einem Hof, der seit 1933 Erbhof war, hatte im Jahr 1931 der Eigentümer für sich eine Briefgrundschuld von 15000 GM. eintragen lassen; noch im gleichen Jahr hatte er sie an seinen Bruder abgetreten, der ihm dafür Geld beschaffen sollte. Im Grundbuch wurde die Abtretung nicht eingetragen; der Brief wurde dem Bruder übergeben. Die Beschaffung von Geld gelang nicht. Im Jahr 1935 wollte der Bruder bei einer Sparkasse ein Darlehen für sich aufnehmen; zu diesem Zweck wollte er den Grundschuldbrief, den er noch im Besitz hatte, verwenden. Der Hofeigentümer war damit einverstanden und trat, da er im Grundbuch noch als Gläubiger eingetragen war, unmittelbar die Grundschuld an die Sparkasse ab. Die Sparkasse wurde als Gläubigerin eingetragen und erhielt den Grundschuldbrief. Als sie die Grundschuld geltend machen wollte, erklärte der Eigentümer des Hofes, die Abtretung sei mangels anerbengerichtlicher Genehmigung unwirksam. Seine Klage auf Einwilligung in die Berichtigung des Grundbuchs oder Löschung des Abtretungsvermerks und Herausgabe des Grundschuldbriefes drang in zwei Rechtszügen durch. Das Reichsgericht wies sie ab. Dadurch, daß der Kläger im Jahr 1931 die für ihn begründete Eigentümergrundschuld wirksam an seinen Bruder abtrat, war diese eine Fremdgrundschuld geworden. Daß die Abtretung nur zu Sicherungszwecken erfolgte und der Bruder des Klägers den in Aussicht gestellten Kredit nicht beschaffte, stand der Wirksamkeit der Abtretung nicht entgegen; daraus ergab sich nur für den Kläger ein schuldrechtlicher Anspruch auf Rückabtretung oder Verzicht auf die Grundschuld. Ein solcher Anspruch wurde nicht erhoben. Bis zur Abtretung an die Sparkasse war also der Bruder des Klägers Gläubiger der Grundschuld. Indem der Kläger die Grundschuld an die Sparkasse abtrat, verfügte er über sie als Nichtberechtigter; diese Verfügung war aber wirksam, weil sie mit Zustimmung des Gläubigers vorgenommen wurde. Nach Erbhofrecht darf ein Erbhof nicht ohne Genehmigung des Anerbengerichts belastet werden. Als Belastung gilt auch die Veräußerung einer Eigentümergrundschuld. Dagegen ist die Abtretung einer Fremdgrundschuld erbhofrechtlich unbeschränkt zulässig, weil sie für sich allein den Stand der dinglichen Belastung eines Hofes nicht zu ändern vermag. Das Landgericht hatte in der Abtretung der Grundschuld an die Sparkasse die Preisgabe des Anspruchs auf Rückübertragung der Grundschuld erblickt und darum die Abtretung jener einer Eigentümergrundschuld gleichgestellt. Das Reichsgericht erklärte, daß die Vorschriften, welche die Veräußerung oder Belastung eines Erbhofes verbieten, weit auszulegen, daß bei der Auslegung auch wirtschaftliche Zwecke zu berücksichtigen sind. Aber auch bei einer solchen Betrachtungsweise muß die Grenze beachtet werden, welche die Erbhofgesetzgebung selbst bei der wirtschaftlichen Zielsetzung den rechtlichen Wirkungsmöglichkeiten gezogen hat. Diese Grenze verläuft dort, wo eine Veräußerung oder Belastung aufhört, eine Verfügung über erbhofgebundenes Vermögen zu sein. Eine Fremdgrundschuld ist ebensowenig Teil dieses Vermögens wie der schuldrechtliche Anspruch des Bauern auf Rückübertragung einer durch Grundschuld gesicherten Forderung. Indem der Kläger in die Abtretung der Grundschuld zur Sicherung des seinem Bruder zu gewährenden Kredites willigte, legte er keine dingliche Last auf seinen Hof, die nicht schon vorher darauf lag. Der Rechtsbegriff der Belastung eines Grundstücks ist in der Rechtssprache fest umrissen; das gleiche gilt von dem Begriff der Eigentümergrundschuld. Im Gegensatz zur Hypothek ist die Entstehung der Grundschuld und ihr Fortbestehen als dingliches Recht von dem Bestand einer durch sie gesicherten Forderung sachenrechtlich unabhängig. Die Forderung ist nicht Rechtsinhalt der Grundschuld, sondern nur Rechtsgrund für ihre Bestellung. Entsteht die Forderung nicht oder erlischt sie wieder, so fällt die Grundschuld nicht gleich der Hypothek dem Eigentümer zu, sondern sie bleibt Fremdgrundschuld in der Hand des Gläubigers. Diese Rechtslage fand die Erbhofgesetzgebung vor; sie ist bisher trotz mancher gegen sie vorgebrachter Bedenken nicht geändert worden. Das Berufungsgericht hatte angenommen, daß die Entscheidung darüber, ob die Abtretung genehmigungspflichtig war oder nicht, dem Anerbengericht zustehe. Dieser Auffassung trat das Reichsgericht entgegen. Die Erteilung oder Versagung der Genehmigung liegt allein bei den Anerbengerichten; hängt aber die Entscheidung eines Rechtsstreits an dem Urteil über die Genehmigungsbedürftigkeit eines Rechtsgeschäfts, so hat darüber als Vorfrage das Prozeßgericht zu entscheiden. (V, 16. März 1939.) Amtl. Sammlg. S. 395—403.

Gesetzesregister.

1. **Bürgerliches Gesetzbuch (BGB.):** **11** 27; **31** 42; **54** 8; **89** 42; **133** 37, 50; **134** 26; **138** 26, 50; **157** 37, 39, 50, 56; **164** 54; **181** 50; **242** 17, 39, 50, 56; **249** 38, 40; **254** 11, 15, 17, 38, 42, 46; **275** 10; **276** 8; **278** 7, 21, 41; **325** 25; **419** 33; **426** 15; **464** 50; **536** 7; **538** 7; **549** 21; **571** 25; **581** 25; **602** 10; **603** 21; **604** 10; **618** 39, 42; **631 ff.** 40; **812** 17; **819** 17; **823** 7, 11, 17, 33, 34, 38, 42; **826** 25, 33; **831** 42, 47; **839** 34, 36; **842 ff.** 39; **843** 47; **844** 5; **852** 17; **906** 11, 22; **1004** 11; **1018** 32; **1090** 32; **1092** 32; **1113** 57; **1115** 57; **1310** 9; **1333** 30; **1446** 54; **1567** 52; **1568** 46; **1717** 9; **1719** 9; **2065** 44; **2113** 58; **2205** 51; **2211** 51; **2212** 51; **2213** 51, 58; **2216** 51.

2. **Einführungsgesetz z. Bürgerlichen Gesetzbuch (EGzBGB.):** **10** 8; **18** 27; **19** 27; **170** 21; **171** 21.

3. **Handelsgesetzbuch (HGB.):** **22** 33; **25** 33; **186** 33; **195** 33; **200** 8; **240** 33; **241** 33; **279** 33; **313** 33; **315** 33.

4. **Zivilprozeßordnung (ZPO.):** **138** 37; **170** 6; **233** 18; **256** 9; **271** 31; **276** 27, 48; **286** 34; **287** 38; **295** 6; **301** 3, 43; **317** 6; **319** 18; **323** 5; **330** 53; **331 a** 53; **355** 34; **375** 34; **511** 53; **516** 6; **519** 3; **519 b** 53; **522** 43; **542** 53; **546** 53; **547** 53; **548** 34; **549** 8; **559** 14; **561** 14; **599** 28; **600** 28; **767** 58; **768** 58; **1027** 16; **1034** 16; **1041** 16.

5. **Aktiengesetz (AktG.):** 8, 32, 33.

6. **Angestelltenversicherungsgesetz (AngVersG.):** 23.

7. **Berufsbeamtengesetz (BerBeamtG.):** 13, 14.

8. **Ehegesetz vom 6. Juli 1938 (EheG.):** **37** 30; **49** 46, 52; **50** 48; **54** 48; **55** 19, 20, 46; **56** 48; **57** 20, 29; **59** 20, 29; **60** 29; **61** 46; **69** 46; **80** 26; **93** 30; **115** 12.

9. **Familienrechtsänderungsgesetz (FamRÄndG.):** 9, 27, 45.

10. **Freiwillige Gerichtsbarkeitsgesetz (FGG.):** 45.

11. **Gebrauchsmustergesetz (GebrMG.):** 55.

12. **Genossenschaftsgesetz (GenG.):** 15.

13. **Gerichtsverfassungsgesetz (GVG.):** 22, 23, 36.

14. **Gesetz die Gesellschaften mit beschr. Haftpflicht betreffend (GmbHG.):** 41, 50.
15. **Gewerbeordnung (GewO.):** 11.
16. **Grundbuchordnung (GBO.):** 57.
17. **Kraftfahrzeuggesetz (KFG.):** 5, 47.
18. **Patentgesetz (PatG.):** 1, 2.
19. **Personenstandsgesetz (PerſStG.):** 9.
20. **Preistreibereiverordnung vom 13. Juli 1923:** 17.
21. **Preuß. Allgemeines Landrecht (PrALR.):** 58.
22. **Preuß. Landgemeindeordnung f. d. östlichen Provinzen:** 32.
23. **Reichsautobahngesetz vom 27. Juni 1933:** 22.
24. **Reichsgesetz über die Veräußerung von Dienstbarkeiten vom 13. Dezember 1935:** 32.
25. **Reichserbhofgesetz (REHG.):** 59.
26. **Reichssiedlungs-Ergänzungsgesetz vom 4. Januar 1935:** 25.
27. **Reichsverfassung (RVerf.): 131** 34, 36.
28. **Reichsversicherungsordnung (RVO.):** 23.
29. **Versicherungsvertragsgesetz (VersVertrG.):** 4, 24, 35, 51.

95 Die klein gedruckten Ziffern verweisen auf die Seiten d. amtl. Sammlung.

Seitenzahlen der amtlichen Sammlung.

1 1—11; **2** 11—12; **3** 12—16; **4** 16—21; **5** 21—25;
6 25—27; **7** 27—33; **8** 33—58; **9** 58—64; **10** 65—68;
11 68—76; **12** 76—80; **13** 80—83; **14** 83—86; **15** 86—92;
16 92—99; **17** 99—108; **18** 109—111; **19** 111—114;
20 115—121; **21** 121—128; **22** 129—141; **23** 141—147;
24 147—151; **25** 151—157; **26** 158—167; **27** 167—173;
28 173—180; **29** 180—183; **30** 183—186; **31** 186—192;
32 193—210; **33** 211—234; **34** 235—242; **35** 243—247;
36 247—254; **37** 254—256; **38** 257—264; **39** 265—268;
40 268—272; **41** 272—282; **42** 283—292; **43** 293—296;
44 296—300; **45** 300—305; **46** 395—311; **47** 312—315;
48 315—319; **49** 319—320; **50** 321—337; **51** 337—353;
52 353—356; **53** 357—363; **54** 363—369; **55** 369—374;
56 374—379; **57** 379—384; **58** 385—395; **59** 395—403.

Sachregister.

Abstammung, verneinende Feststellungsklage 9.
Abtretung von Geschäftsanteilen 41.
Abwehrklage 11.
— Reichsautobahn 22.
Allgemeine Gütergemeinschaft, Generalvollmacht 54.
Amtspflichtverletzung, Nachtwächter 34.
— Beamtenrecht 36.
Anschlußberufung, Widerklage 43.
— Teilurteil 43.
Anwendung früheren Rechts, Leihe 21.
Anwendung ausländischen Rechts, Ehelichkeitsanfechtung 27.
Arglist, Ehescheidung 31.
Armenrecht, Prozeßgebühr 53.
Auflösung einer Aktiengesellschaft 32.
Aufopferungsanspruch, Reichsautobahn 22.
Ausfertigung, Zustellung 6.
Ausgleichspflicht 15.
Außergewöhnliche Härte, Ehescheidung 48.

Beamtenrecht, Versetzung in den Ruhestand 13.
— Versetzung in den einstweiligen Ruhestand 14.
Beamtenrecht, Landesrecht 14.
— Berufung 14.
— Beförderung 36.
— Amtspflichtverletzung 36.
— Staatshaftung 36.
— Schadenersatz 36.
— Rechtsweg 36.
Beförderung eines Beamten 36.
Befreite Vorerbschaft 58.
— Vollstreckungsgegenklage 58.
Belastung eines Erbhofes 59.
Berufung, Beamtenrecht 14.
Berufungsbegründung, teilbarer Streitgegenstand 3.
Beschwerderecht in Vormundschaftssachen 45.
Beweislast 31, 38.
Beweisaufnahme 34.
Beweis auf erste Sicht 34, 42.
Bienen, Raucheinwirkung 11.
— Gefährdungshaftung 11.
— Abwehrklage 11.
— Mitverschulden 11.
Bierverlag, Flaschenleihe 10.
— Flaschenpfand 10.
Blutprobe 45.

Delegierung, Verweisung 49.
Dienstbarkeit, Eingemeindungsvertrag 32.
Dienstvertrag, Fürsorgepflicht 42.
— Verkehrsicherung 42.
— Entlastungsbeweis 42.
— Beweis auf erste Sicht 42.

Eheanfechtung 30.
— Ehescheidung 30.
Eheaufhebung 30.
Ehelichkeitsanfechtung, Gerichtsstand 27.
— Verweisung 27.
— Anwendung ausländischen Rechts 27.
Ehescheidung, Arglist 31.
— außergewöhnliche Härte 48.
— bösliche Verlassung 52.
— geistige Störung 48.
— gute Sitten 26.
— häusl. Gemeinschaft 20.
— österreichisches Recht 12.
— Trennung von Tisch und Bett 20.
— überwiegende Schuld 46.
— unheilbare Zerrüttung 46
— Unterhaltsabkommen 26.
— Verpflichtung zur Klagezurücknahme 31.
— verziehene Verfehlung 29.
— Widerspruch 46.
— Widerspruchsrecht 19.
Eingemeindungsvertrag, Dienstbarkeit 32.
Entlastungsbeweis 42, 47.
Erbenauswahl durch einen Dritten 44.
Erbhof, Belastung 59.
Erfüllungsgehilfe, Miete 7.
Ergänzende Vertragsauslegung, vereinbarter Gerichtsstand 37.
Erloschenes Gebrauchsmuster, Übergangsrecht 55.
— Gesetzesauslegung 55.

Feuerversicherung, Wissensvertreter 35.
Filmgeschäft, Zumutbarkeit einer Leistung 56.
Firmenfortführung, Vermögensübernahme 33
— Schadenersatz 33.
— Schutzgesetz 33.
— Beweislast 33.
Flaschenpfand, Bierverlag 10.
Fürsorgepflicht 40, 42.

Gefährdungshaftung, Bienen 11.
Geistige Störung, Ehescheidung 48.
Generalvollmacht, Mißbrauch 54.
Genossenschaft, Gesamthaftung 15.
— Ausgleichspflicht 15.
— Mitverschulden 15.
Gerichtsstand, Ehelichkeitsanfechtung 27.
Gesamthaftung, Genossenschaft 15.
Gesamtkombination, Patentschutz 1.

Geschäftsbesorgung 23.
Gesellschaft m. b. H., Gesellschaftsvertrag 41.
— Vertragsauslegung 41, 50.
— Sacheinlage 50.
— Abtretung von Geschäftsanteilen 41.
— Schadenersatz 50.
— Treuhandvertrag 41.
— Typischer Vertrag 50.
— Unzulässige Rechtsausübung 50.
Gesetzesauslegung 55, 57.
Goldmarkhypothek, Reichsmarkhypothek 57.
— Umwandlung 57.
Gute Sitten, Ehescheidung 26.

Haftpflichtversicherung, Schutzbereich 4.
— Kraftfahrzeuganhänger 24.
— Vererblichkeit d. Versicherungsverhältnisses 51.
— Testamentsvollstreckung 51.
Häusliche Gemeinschaft, Ehescheidung 20.
Hinterbliebenenunterstützung 5.

Katecheten, Versicherungspflicht 23.
— Rechtsweg 23.
Kraftfahrzeug, ursächl. Zusammenhang 47.
— Entlastungsbeweis 47.
Kraftfahrzeuganhänger 24.

Landesrecht, Beamtenrecht 13, 14.
Lebensunterhalt 5.
Leihe, Bierverlag 10.
— Schadenersatz 21.
— Anwendung früheren Rechts 21.

Miete, Erfüllungsgehilfe 7.
Mißbrauch der Generalvollmacht 54.
Mitverschulden 11, 15, 38, 42.

Nachbarrecht, Reichsautobahn 22.
Nachverfahren, Urkundenprozeß 28.
Nachtwächter, Sachbefugnis 34.
— Waffengebrauch 34.
— Amtspflichtverletzung 34.
— Beweislast 34.
— Beweisaufnahme 34.
Negatives Vertragsinteresse 8.

Österreichisches Recht, Ehescheidung 12.
Offenbares Versehen 18.

Pachtvertrag, Siedlungsrecht 25.
— Rechtsweg 25.
Patentschutz 1, 2.
— Gesamtkombination 1.
Preistreiberei 17.
— Ungerechtfertigte Bereicherung 17.
— Verwirkung 17.
Prozeßgebühr, Armenrecht 53.

Prozeßgebühr, Urteil nach Aktenlage 53.
— Versäumnisurteil 53.
— Revision 53.

Raucheinwirkung, Bienen 11.
Reichsautobahn, Nachbarrecht 22.
— Abwehrklage 22.
— Aufopferungsanspruch 22.
— Schadenersatz 22.
Reichsmarkhypothek 57.
Rechtskraft 28.
Rechtsweg, Katecheten 23.
— Beamtenrecht 26.
— Pachtvertrag 25.
Rechtswidrigkeit übermäßiger Vergütung 17.
Revision, Prozeßgebühr 53.

Sachbefugnis, Nachtwächter 34.
Sacheinlage, G.m.b.H. 50.
Schadenersatz, Beamtenrecht 36.
— Firmenfortführung 33.
— Gesellschaft m. b. H. 50.
— Hinterbliebenenunterstützung 5.
— Lebensunterhalt 5.
— Leihe 21.
— Reichsautobahn 22.
— Werkvertrag 10.
Schiedsgericht, unzulässiges Verfahren 16.
Schutzbereich, Haftpflichtversicherung 4.
Schutzgesetz 33.
Siedlungsrecht, Pachtvertrag 25.
Staatshaftung, Beamtenbeförderung 36.

Teilbarer Streitgegenstand 3.
Teilurteil 43.
Testamentsvollstreckung 51.
Trennung von Tisch und Bett 20.
Treuhandvertrag 41.
Typischer Vertrag 50.

Übergangsrecht, Gebrauchsmuster 55.
Überwiegende Schuld, Ehescheidung 15, 46.
Unabwendbarer Zufall 18.
Unentgeltliche Verfügung 58.
Unfallneurose, Beweislast 38.
— ursächlicher Zusammenhang 38.
— Mitverschulden 38.
Ungerechtfertigte Bereicherung 17.
Unheilbare Zerrüttung der Ehe 46.
Unterhaltsabkommen, Ehescheidung 26.
Unzulässige Rechtsausübung 50.
Unzulässiges Verfahren, Schiedsgericht 16.
Urkundenprozeß, Vorbehaltsurteil 28.
— Nachverfahren 28.

Urkundenprozeß, Rechtskraft 28.
Ursächlicher Zusammenhang, Unfallneurose 38.
— Kraftwagenverkehr 47.
Urteil nach Aktenlage 53.

Vereinbarter Gerichtsstand 37.
Vererblichkeit des Versicherungsverhältnisses 51.
Verkehrssicherung, Dienstvertrag 42.
Vermögensübernahme, Firmenfortführung 33.
Verneinende Feststellungsklage 9.
Verpflichtung zur Klagezurücknahme, Ehescheidung 31.
Versäumnisurteil, Prozeßgebühr 53.
Verschulden bei Vertragsverhandlungen 8.
Versetzung in den Ruhestand 13.
Versetzung in den einstweiligen Ruhestand 14.
Vergleich 39.
Versicherungspflicht, Katecheten 23.
Vertrag, typischer 50.
Vertragsauslegung 39, 41, 49.
Vertrauensschaden 8.
Verweisung, Ehelichkeitsanfechtung 27.
Verweisung, Delegierung 49.
Verwirkung 17.
Verziehene Verfehlung, Ehescheidung 29.
Vollstreckungsgegenklage 58.
Vorbehaltsurteil, Urkundenprozeß 28.

Waffengebrauch, Nachtwächter 34.
Werkvertrag, Fürsorgepflicht 40.
— Schadenersatz 40.
Widerklage, Anschlußberufung 43.
Widerspruch, Ehescheidung 46.
Widerspruchsrecht, Ehescheidung 19.
Wiedereinsetzung in den vorigen Stand, unabwendbarer Zufall 18.
— offenbares Versehen 18.
Wissensvertreter, Versicherung 35.

Zumutbarkeit einer Leistung, Filmgeschäft 56.
Zusammenhang, ursächlicher 47.
Zustellung 6.
Zwischenstaatliches Privatrecht, Verschulden bei Vertragsverhandlungen 8.
— Vertrauensschaden 8.
— negatives Vertragsinteresse 8.

FSC
www.fsc.org
MIX
Papier | Fördert gute Waldnutzung
FSC® C083411

Kolibri 360 GmbH
Ferdinand-Jühlke-Straße 7
99095 Erfurt, Deutschland
produktsicherheit@kolibri360.de